LOCUS

LOCUS

LOCUS

LOCUS

from

vision

from 99 如何訂做一個好學生
What the Best College Students Do
作者：Ken Bain
譯者：周念縈
責任編輯：湯皓全
校對：呂佳眞
法律顧問：全理法律事務所董安丹律師
出版者：大塊文化出版股份有限公司
台北市105南京東路四段25號11樓
www.locuspublishing.com
讀者服務專線：**0800-006689**
TEL：(02) 87123898　FAX：(02) 87123897
郵撥帳號：18955675　戶名：大塊文化出版股份有限公司

總經銷：大和書報圖書股份有限公司
地址：新北市新莊區五工五路2號
TEL：(02) 8990-2588（代表號）　FAX：(02) 2290-1658
製版：瑞豐實業股份有限公司
初版一刷：2014年3月

定價：新台幣300元
Printed in Taiwan

What the Best College Students Do

如何訂做一個好學生

Ken Bain 著
周念縈 譯

目次

致兩個未來的大學生亞當與奈森。以及未來的孫子女；
還有安卓拉·路普，這個曾經對天文學神往不已的小女孩。

1 好學生成功的根源

雪莉・卡夫卡（Sherry Kafka）來自阿肯色州的一個小鎮奧沙克（Ozarks）。該州以農業為主，她住的小鎮更是隱身窮鄉僻壤，沒有所謂的藝術風氣，可以幫她塑造日後生命的重心，或是助她有朝一日成為美國著名的設計家。她說，小鎮上甚至連電影院也沒有，每週有一天，「一位先生」會來到鎮上，帶著帳篷搭設在廣場上放電影——「如果那個星期他沒有喝醉的話」。

她的家境不好，到處搬家勉強度日。十二年內換了十六所學校，高三念到一半時，還從熱泉市一間頗大的學校，轉學到另一個更小的村莊，總共只有六名應屆畢業生，她回憶說：「我想實際上只有五個人畢業吧！我還念過現在已經廢除的學校，因為小到很難聘請老師呢！」然而，漂泊的生活並沒有嚇倒她，她反而這麼說道：「這段經歷給我的磨練，讓我懂得善用學校的資源。我很早就想通了，每個學校有各自的文化，我要做的事情，就是到一個學校了解它的文化。」

他們家除了父親後來曾經念過浸信會神學院外，沒有人上過大學。除了聖經之外，他們極少看書，家裡也沒有其他讀物，只有大人說的故事而已。四、五歲時，曾祖父告訴她從上一輩那兒聽來的故事，或是他自己隨口編的故事。故事起頭之後，小女孩總是聽得入迷，他便指著她說：「現在換妳說故事了。」然後她就開始接下去講，老人家會問她故事中跳出來各種角色和動物等問題，迫使她創造更多相關的細節。讀八年級時，也就是曾祖父過世幾年後，雪莉認定自己是一個「說故事的人」，並且想要當一名作家。她明白若是想要成為作家，自己需要學習更多的東西，這意味著最終得去上大學。

由於家境貧寒，她深知這並不容易，於是開始留意各種支付大學費用的方法。在高中最後一年，她參加全國作文比賽獲獎，得到大學第一年的全額獎學金。當她詢問雙親可以利用這筆獎學金念哪裡的學校時，他們建議她去德州一所大學，因為與那裡的舍監是舊識，萬一她生病了，可以幫忙照應。

那年秋天她來到新校園，在這個遙遠的城市進行新奇的冒險，令她掩不住興奮。雖然她手裡拿著一串必修課選單，然而在離家之前，她已對自己許諾，每個學期至少會修一門「只是爲了我自己」的課，也就是選修自己喜歡的課程。當她看著必修課程表時，瞄到了一堂很適合的課，因爲看起來很有趣，而且也符合藝術課程的必修規定。

這是戲劇系開設的一門「能力整合課」，這名稱喚起她的童年回憶。當她是小女孩時，爸爸曾告訴她，最成功、最有趣與人生最豐富的人，是「整合最棒的人」。他告訴她，應該讓每堂課都有關聯，找出重疊之處。她說道：「總之，就是我念書的時候，可以想想生物上的東西要如何應用在英語或音樂上。」

她決定選修這堂課，而這將改變她的一生。

這堂課在一個奇怪的劇場裡進行，四面各有一座舞台，觀衆的座椅可以轉向各個方位看表演。這天她坐在高背椅上時，一頭黑色鬈髮的男人走進來，坐在其中一座舞台邊。他開始談到創意和人，告訴學生說：「這是一堂發現自己創造能力的課，可以幫忙找到自己，並熟識自己工作的方式。」①

雪莉提及，自己從來沒有遇過像這個穿著西裝領帶、坐在舞台邊緣的男人。他說道：「我會給大家一些問題，其中有些問題非常瘋狂，但是會很有用。」雪莉稍微轉動座椅，他繼續說道：「你帶到課堂的是自己以及想參加的欲望，至於在這裡能做什麼，正是由這些來決定。」

從第一堂課開始，雪莉的教授保羅・貝克（Paul Baker）請學生們共同參與一種嶄新的學習。他說明：「對於某些人來說，成長幾乎等同於增長記憶。對於某些人來說，成長在於學習新事物如何運作，例如組裝機器、接通管線、調和配方，或解決問題等。」他表示，這類學習「永遠不會發展出新的方法，最多只是熟能生巧而已」。至於第三種人，成長則意味著進入「組織」位居要津，評估「別人有多差」，「成爲指揮發落、分派賞罰、在密室裡抽雪茄的重要委員會成員，成爲冒牌的藝術家、音樂家、演員、先知、牧師、政客等。這種人動不動就抬出自己熟識某某大人物，只關心身分地位。」

貝克認爲，只有對於少數人而言，「成長是發現心靈的動力」。成長是發現自己是誰以及如何利用自己，這就是你所有的東西。貝克強調，在人類歷史上，再沒有另一個人擁有跟自己一模一樣的生理組成與人生經驗，也沒有相同的腦袋，我們都是獨一無二的人，可以從別人沒有的角度來看問題。但是，如果希望釋放自己心靈的力量，必須先找出自己是誰，以及自己的心智如何運作。

此刻雪莉坐在旋轉椅中專注聆聽，貝克教授邀大家進入最高層次的成長。「每個人都是獨特的。」他強調，每個人都可以在多方面貢獻世界，「你們每個人都有自己的哲學觀、價值觀、人生壓力，與家庭背景。你來自某塊土地、某個家庭，有或無宗教背景。你出生在某個時間、某個房子和某個家庭裡，世界上沒有人會一樣。」貝克認爲，每個人都可以用獨一無二的方式來創造。

這是一本有關創意人士以及如何變成創意人士的書。這些富有創意的人們上大學，從求學經驗中蛻變，成爲充滿活力與創新精神的男男女女，改變了我們居住的世界。他們念大學的經驗，尤其是與教授的互動，如何改變了自己的思考模式呢？不但今日與未來的大學生可能會覺得這個問題相當迫切，師長們也可以在這裡找到解答，培養創造性發展與深度學習的精神。

研究對象與原因

本書從雪莉・卡夫卡的故事開始，她選修貝克老師那堂課的經驗，反映出本書訪談過程中不斷聽受訪者提及的重要概念和方法。另外，這門課程改變了成千上百人的生命，他們成爲了科學家、音樂家、醫生、木匠、歷史學家、畫家、美容師、慈善家、編輯、政治領袖、教師、哲學家、作家、設計師、工程師，還有各種極富創意的專業人士。這些「最優秀的大學生」，其人生成就令人驚豔無比，常常超脫出其主修領域，利用課堂經驗改變了自己的生命。

他們追求心靈動力的發展，這才是他們的首要目標，而不是光想拿書卷獎或想矇混過去而已。在貝克老師的課堂上，他們學會了「創造力」這門新的語言，將重心放在如何面對與處理時間、空間、動作、聲音與形體等特性。這讓雪莉和同學們更加了解自己，讓他們得以欣賞自己獨特的本質和經歷，並投注到工作上。當他們更了解自己時，便擁有更強大的自信，更能欣賞每個人獨具的特質和成就。他們從別人的經歷中汲取教訓，不論是在科學、人文或藝術方面。最重要的是，他們找到方法來激勵自己好好工作。

此刻，我必須指出本書不是在談成績最好的大學生，大部分文章書籍在講「最好的學生」時，往往只是強調如何拿高分。但是我和本書的訪談員瑪莎・貝恩（Marsha

Bain）目標更爲高遠，我們想知道學生離開學校之後的表現，所挑選的研究對象只限於明顯學到眞諦，變得極富生產力，且繼續成長與創造的人們。我們希望找到有趣的人，他們了解世界，不受愚弄，有自信與同情心，會批判思考，有創造力與創意，而且非常快樂。我們尋找喜愛挑戰的男男女女，不論是學習語言或是解決問題，這些人知道何時舊方法行不通，對於千奇百怪的挑戰覺得自在，也對於尋找新解答有興趣，更是對自己覺得坦然自在。

我們想知道如何才能做到這一切？如何找到自己的熱情？如何從教育中獲益匪淺？該如何向他們學習？在一些個案中，這些極具自信、富有創意的問題解決者，不是在大學裡學到東西的；在其他個案中，受訪者是從大學裡豐富美好的經驗中成長茁壯的。有些人一直都很成功，有些人高中多數的時間都低空飛過，最後到了大學甚至更晚，才脫穎而出。

我們尋找訪談的對象，是具有偉大發現或是找到新思考方式的傑出人士，以及能夠做出良好的決定，並且有自信去探索、發明或提出問題的人們。例如，開發新技術的醫生，改變學生生命歷程的老師，讓人們歡笑不斷的喜劇演員，讓讀者欲罷不能的作家，重新定義音樂的音樂家，創新技巧的工藝家，或是服裝設計師，這些人都很容易適應新的情況，並且可以解決從來沒有碰過的問題。

他們是千萬富豪嗎？有些個案的確是，但這絕非我們選擇的標準。若是訪談對象累積了可觀的財富，我們有興趣的是他們如何使用金錢，又如何發揮創意。在金錢報酬不豐的個案中，我們想知道這些人如何經營與創造人生。

他們在大學裡也拿到好成績嗎？大部分是的，但是有許多擁有好成績的人，並沒有眞正從大學教育獲益，因此受訪者的成績高低與否，並沒有太大意義。現在來看看所謂「成績」的歷史，這並非一直是正規教育的一部分，大約在兩百年以前，社會上開始要求老師評量學生的學習成效，可能是十八世紀末期，牛津或劍橋大學有人提出了一套系統，給學習最佳者評爲A，次之者評爲B，以此類推，這只是一個簡便的系統，表示人們的思考程度。在十九世紀時，英美各地的學校只有兩種分數，即上課有無拿學分而已。但是到了十九世紀後期，學校開始採行從A到F、一到十等級分。到了二十世紀，又增加「＋、－」的差別。

這些字母和符號代表什麼意義呢？通常沒什麼意義，誠如海登天文館（Hayden Planetarium）的天文物理學家尼爾・泰森（Neil deGrasse Tyson）指出：「長大成人後，不會有人問你考幾分，分數會變得無關緊要。」這有很好的理由，因爲要了解別人的腦袋裡面裝什麼東西，是非常困難的事情，更不用說要靠分數高低來預測一個人的行事作爲了。因此，分數常常淪爲預測未來成功與否的差勁指標。例如，金恩（Martin Luther King Jr.）博士便曾在公共演說上拿了Ｃ。②

數年前，美國一所大學裡有兩位物理學家進行一項實驗，顯示考試成績意義不大。③他們想了解，大學裡的物理導論課能否改變學生對物體運動觀念的理解，於是設計一項稱爲「作用力概念量表」的測驗，用來評量學生對運動物體的認識。不過，這不是一般的物理評量考試，也不適合作爲平常的測驗之用，在此我不贅述理由。

他們將試題發給六百名修物理學導論課的學生。大多數人都表現不好，因爲並不明白「運動」的道理。簡單的說，基於他們對運動的認知，他們永遠無法發射衛星到軌道上。不過，這是上課之前的表現，學期結束後有些人拿Ａ，有些拿Ｂ，有些拿Ｃ，有些拿Ｄ，還有幾個當掉了。

課程結束幾個月後，學生們再做同樣的測驗。只有少數幾個人顯示自己對於運動概念的認識已有進步，然而大多數學生仍然緊緊抓著舊觀念不放，重要的是，學生在課堂上的成績並不能預測誰眞正了解牛頓的運動概念，拿 A 和拿 C 的學生同樣可能（或不可能）改變認知，因此拿 A 的學生比起被當掉的學生，並沒有從課堂中受益更多。成績頂尖的學生可能只是比較會記公式，懂得將正確的數字放進方程式裡，並在考試中計算出正確的答案，但是這些並不能反映出他們對運動觀念的眞正了解。不過，這也不代表說成績低反倒是「很好」的意思，只是說「成績」通常無法反映出眞正的學習情形。

最近，我與一名傑出的化學工程師共進午餐。他告訴我，自己曾經有一個科目修了兩次，一次是念大學，一次是念研究所。他這麼說道：「直到今天，我都不太了解那堂課，但是兩堂課我都拿 A。我會用對的方式念書，以高分通過考試，但是我從來沒有眞正學會。」他在其他科目的學習優異，在專業領域上獲得成功。但是想想看，若是他在那堂課的經驗成爲慣性，一律以講求手段策略的方式通過所有課程，那麼或許他每科都拿高分，但是恐怕實際上一無長進。

或許你根本不在乎化工、物理或是發射衛星，但這不是重點所在。不論你抱負如何遠大，好的成績不見得能看得出你了解多少，或是能夠有何成就。本書後面會探討人們成績拿A，卻仍然對運動概念一無所知的情況，但現在只要記住，好成績不一定代表眞的了解任何東西。在學校裡，我們常被要求要記住一大堆東西，但對後來的生活卻毫無幫助。

想像有另一個不同的世界，那裡的學生對於所學的一切都會尋找其深層意義。在那個宇宙裡，學習會改變人們如何看待世界，讓大家更能解決問題，更有創造力與同情心，且更有責任感和自信心。學生能夠思考所學內容的意義和應用，他們不怕犯錯，充滿問題和想法；這裡的人們能夠輕鬆愉快地探索各項新領域，對於世界何其複雜深刻，時時保持謙卑之心。對他們來說，學習永遠是一種冒險，雖然可能會遺忘一些東西，但是有需要時知道往何處尋找。

對於某些人來說，確實存在這樣的世界。但是，在大學裡每個人都面臨著越來越大的壓力，念書只是爲了考試或爲了別人。在高中或大學裡拿全A很棒，但是（這是一個很大的但書），對於了解自己的深淺、未來發展的可能性、創新能力的高低，或是對課堂內容了解的多寡等，完全不知道。當然，若是你拿不到好成績，一樣對你這個人所知極有限。

在大學裡，可看見五種類型的學生：

一、成績很好，但是不比拿C或D的朋友更有生產力；

二、成績很好，並成為深度學習者、靈活型專家、能幹的問題解決者，以及極具創意和同情心的人；

三、成績平平，但有一天大展鴻圖，因為他們學會深入了解，儘管成績不特別起眼；

四、成績差又自我放棄，生活大都依靠他人；

五、成績不好，但是告訴自己總有一天會發光（雖然證據闕如）。

當然，高分有高分的好處。一份出色的成績單，有助於在社會上立足。本書後面會花一點時間教大家如何拿A，但是若必須在好成績和深度學習之中做選擇的話，我肯定每次都會選擇後者。

基本上，我想要鼓勵深入、熱情、愉快和創造性的學習。分數很重要，然而一心一意只想拿Ａ的人，恐怕無法成爲深度學習者。相較上，若是將心思放在深度學習上，拿高分將有如反掌折枝，這便是本書的重點。

我們的建議主要有兩個來源。首先，我們探究有關於「好學生」的研究和理論文獻，三、四十年來這方面的研究卓然有成，不過我們只將重點放在部分研究上，因爲有些文獻是以平均分數來衡量學生的好壞，然而前面已經提過，好成績不代表什麼。所以，這裡主要是介紹深度學習的相關研究與想法。

其次，我們訪問了數十名傑出人士，都是創造力極高的成功人士，他們善於解決問題，並富有同情心和同理心。這些人包括醫生、律師、企業家、政治領袖、電腦科學家、藝術家、音樂家、母親、父親、鄰居、諾貝爾獎得主、麥克阿瑟天才獎得主、艾美獎得主，和幾位仍在就學的大學生。在此分享了一些他們的故事，有些好笑，有些悲傷，但都非常具有啓發性。

整合自己的能力並發現熱情

回到雪莉的課堂上，貝克老師繼續說道：「這堂課的前提是你得對於心智運作有興趣。」雪莉幾乎沒有注意到身旁的那個傢伙，因爲他們都專心聽講，日後這個人會變成職業美式足球員。此刻，貝克解釋創意在每個領域都可能發生，不僅限於藝術而已。「可能是布道、科學配方或一本書，但也可能是創造出來的東西，如規劃完善的街道系統、美味可口的餐點，或經營有方的加油站。」工程師、科學家、醫生、音樂家、房地產經紀人、律師、歷史學家、美容師、髮型師和其他人等，都可以成爲各個領域中的創意人士。貝克指出，用心工作就會產生各種新奇有創意的東西。

那天教授說的話讓大多數同學相當震驚，雪莉卻覺得很有意思。貝克語出驚人：「我認識的許多人基本上在高中就死了，他們一輩子擁有相同的觀念、看待事情的相同方式、相同的答案、固定的情感觀與感官意象，幾乎毫無差異變化。」

他邀請雪莉及其同窗進入一種不同的未來，能夠了解自己，進而學會創造與成長。「我希望班上每個人都能決定掌控自己的人生，探索內心，發掘自我與潛力，並學會善用這些內在的力量。」他停頓一下，眼光落在教室後方：「不是爲了成功，不是爲了被看見。那並不重要，重要的是實踐個人希望不斷成長的需求。」

他再三強調，想要有創意必須先了解自己，包括自己的優缺點，同時必須學習整合能力，讓各種能力可以互補。要做到這一點，必須打開內心與自我對話，貝克要求學生隨時寫筆記，記下自己對每項練習的反應。他告訴他們：「想用鉛筆或蠟筆寫都隨便你」、「寫下你們至今的人生故事，以及對於所有事情的反應。」最重要的是，檢視自己如何思考，「習慣自己腦袋裡的思考模式，找出自己每天什麼時候工作最有效率，以及什麼是激發自己的原動力。」是慷慨激昂或心平氣和？你想要證明別人錯了嗎？「有什麼內在需求想滿足呢？」他問道。

他告訴班上同學，創造的一切都源自於內心，所以必須了解自己。這就是爲何得要寫下自己的生命故事，並且要學習和自己對話，發掘自己的內心，丟掉陳舊迂腐的部分，加強利用自己獨特、美麗與有用的元素。

此後，這個班開始每天運動健身，因爲貝克說這可讓「血液流通」。他說：「如果你死氣沉沉，我沒辦法和你一起上課。我希望你們血液流通，頭腦清楚。」

多年以後，就在雪莉幫忙重新規劃城市、出版一本小說、拍電視紀錄片，並到世界各地工作之後，她回想起這段驚天動地的學習經驗是如何展開的。貝克老師談到工作，並請學生想清楚什麼會妨礙自己工作。他教大家寫報告，找出自己爲何抗拒工作，並探索自己的習慣，想想看過去做了哪些眞正有創意的工作，然後問自己之前做了什麼事情，例如是在什麼情況下？抱持什麼心情？是把腳抬高呢？還是不斷走動？或者看看窗戶外面？需要一個封閉的空間讓自己心無雜念？或者需要一個開放的空間呢？去哪裡工作呢？或者想像自己正在工作，然後立刻去做！他透露自己的習慣是——「我得先吃冰淇淋呢！」

貝克提起福克納（Faulkner）的故事。「他常常爬到一棵樹上，也會脫掉鞋子坐在藥妝店雜誌區，花幾個小時聽著人們來來去去。據說，《出殯現形記》（*As I Lay Dying*）這本書便是他在密西西比大學時，窩在一台手推車後面，一邊顧著爐火寫成的。」

我們的目標當然不是要仿效福克納，而是要了解自己：探索自己是誰，頭腦如何思考，又爲何不想或不願工作。他告訴學生們，這堂課本質上就是關於自己，思考自己如何工作，並且要熟悉自己，才能了解自己的能耐。「很多時候，你可能清晨三點鐘就醒來了，那麼應該馬上起來工作。神智清醒就該起床工作，若是可以做些事情，少了幾個小時的睡眠又有何損失呢？」

貝克老師打趣說，或許要嚇唬自己才能工作。例如，想想自己老了或是快死時，會是什麼光景？是內心早已死了，還是思路泉湧、充滿點子呢？

首先，你必須了解自己。接下來，找到能激發自己的偉大心靈創作：看看套用在別人與自己身上的情景，思索作品背後的意義，尋找其內在本質，據此探索種種可能性。然後，找到自己的熱情所在，讓熱情驅動你。貝克老師警告說：「若是沒有受到激發，將永遠成不了事。」

雪莉稍微轉動座椅，迅速一瞥這個奇怪的地方，最終她在這裡找到了自己。在未來的日子裡，她看到這四面舞台上出現令人目眩的燈光音效，讓人眼花撩亂的場景變化，用顏色質地、線條節奏、光影聲音讓觀衆目不暇給。這些表演融合了電影和眞人演員，打破所有戲劇的規則，挑戰了她的感官。哈姆雷特將以三種人物出現，在斜背式舞台上踱步，讓觀衆隨著劇情發展，轉動座椅跟著舞台轉換觀賞。表演沒有間斷，沒有換幕換場的問題，在時間和空間上都流暢無阻，只有表演本身從劇場四面八方不停出現。

此刻，她專心聽著老師講話，他坐在其中一面舞台的前緣，說話的方式觸動她，又讓她感到困窘。貝克提醒學生，好點子或好結果不容易得到，也不是只有少數人才能創新。如果想要學東西，必須不斷努力，必須探索鑽研與質疑推敲，不要爲失敗所困，而是一路堅持下去，最後摒棄最初簡單的答案和方法，並且不斷精益求精。他表示，不要擔心最初的努力「微不足道」，努力終會有回報。他告訴大家：「當我還小時，是棒球隊的捕手。在高中畢業之前，我大概試了幾百次，才開始能在二壘逮到盜壘跑者。我必須一次又一次的練習，直到融入我的血液筋骨裡。」想想看要經過多少次，才能完成一件「眞正成熟」而有價值的作品。

第一天下課後，貝克老師請雪莉和一些學生去喝咖啡。他們走進隔壁一家舊式藥妝店，在U形的午餐檯上，這群學生窩在紅色圓凳上啜飲著蘇打水。老師掏出一份表格，上面是雪莉塡寫的個人資料。他指出：「我看到妳想要成爲一個作家。」她反擊道：「不是，我**現在是**一個作家。」老師笑了，但不是在嘲笑她，而是欣賞與肯定她的自信。她後來提及：「我不是自以爲是的學生，只是想精確表達而已；並不是我選擇要當作家，而是我自然而然的成爲一名作家。」

然而，雪莉和上這堂課的同學，後來到底如何成爲有創意的人士呢？從他們的經驗中，能對自我的創造性學到什麼呢？對於雪莉等幾百位曾經選修過這堂神奇課程的人來說，最有力量的念頭源自於貝克老師給他們一句新詞彙，即「確認自己的獨特性」，以及他們練習來探索這些想法的習題。我會分享這些練習題的一些細節和概念，幫助大家了解要發展出創意，可以走怎樣不尋常的一條路，並介紹一種簡單卻有效的方法來思考創意。總之，學生們在貝克老師課堂上學到的東西，正是貫穿本書的幾個重要概念。

貝克老師強調，每個創造性的行爲包含五個要素：空間、時間（節奏）、運動（方向或路線）、聲音（或沉默）、形體（或色彩）。雪莉提到：「我在思考任何計劃時，必定包含這五個要素，它們成爲創造過程的一種共通語言。」我們也會在研究對象的創作中看到相同的要素，不論是在藝術、商業、工程、科學或法律等領域。

爲了幫助大家探索這些要素並了解與自身的關係，能力整合課請學生在一學期十五週的課程中進行一連串的練習，並寫下每次練習時內心的反應。第一次，他們只是走過舞台兩次，一次表演悲劇，一次表演喜劇，利用當下的體驗思考自己如何看待與使用空間。貝克老師指出：「練習本身沒有對或錯，唯有無法從練習中再多了解自己一點，才是失敗了。」

第二次，貝克老師給學生一個字，要求大家寫下首先浮現在腦海裡的東西。他要大家讓思緒自由流動，將想法全部記錄下來，不要管書寫的形式或規則。另外，他畫出一道簡單的線條，要求大家也開始畫出線條。他強調：「每天都做這兩件事，寫上日期，這樣可以回頭研究看看自己的思考模式。」

在第三道練習中，貝克老師要求學生們分析某位自己認識很久的人，探索對方的出身背景、生活情況與節奏，最後是他們的價值觀和基本哲學觀。例如，這個人是出身城市或鄉下，來自大城或小鎮？是什麼讓他們成功？他們從事什麼娛樂？他們的言語舉止和工作呢？他們穿什麼顏色的衣服？貝克老師教大家用對那個人所知的一切，濃縮成一個節奏，並且要能用雙手拍打出。他提醒大家，所有人都有了解節奏的能力：「打從襁褓時期開始，你就一直在這麼做了，你可以從節奏猜出誰將你抱起來。」

「但是，不要只靠節奏。」他提醒大家，每個人各自有拍手的方式，那沒什麼大不了。相反地，應該藉機探索自己的思考方式，以及對別人的反應。想想看，所發現的種種要素，如何融入一個人的生命當中？最重要的是，要如何創造？要完成這道習題，必須停止在意結果，讓自己投入過程中，通過練習建立一種新生活。

在第四道練習中，貝克老師請學生挑選一個大自然中沒有生命的物體，盡量寫出各項特性的形容詞，包括顏色、質地、線條、大小或節奏等。他要學生從不同角度和不同心情觀看，用想像力盡量寫下各種話語，然後賦予一個節奏，再從節奏中創造出一個角色，一個有動作的人。接著，爲這名角色寫下對話，並且創造出一個場景，一個反映該角色性格的空間。貝克老師告訴大家：「這種萃取過程經過十五到二十次時，便能熟能生巧了。每一次盡快寫下來，然後再從頭開始。」他再三叮嚀大家不要在意結果，而是投入過程中。「在爲自己打造一種新生活時，這種發現的過程是成長的關鍵。」總之，他提醒大家不要急著找一個快速的答案或結果。

在最後第五道練習中，學生必須找一項具有數種不同線條的物體，然後在紙上畫下他們喜歡的線條，例如樹枝、有稜有角的石頭或是一朵花等，具有複雜線條的東西。接著，學生按照畫出的線條走一遍，感受其中的節奏，以及自己賦予不同線條的顏色和聲音。再來，找出自己喜歡或是想丟掉哪些線條，將自己比較有感覺的線條放大，再將比較不具吸引力的線條丟掉。貝克要求學生「傾聽」自己肌肉的反應，用身體對於線條和節奏的反應，來主宰自身的反應，將心智判斷完全拋開。最後這道習題持續了幾星期，期間學生們從這些擴張延伸的線條中創造出各種藝術作品，有些人作曲，有些人畫畫，有些人雕塑，但是作品並不重要。貝克強調：「這是一道練習，讓你傾聽自己的肌肉反應」。

在所有的練習中，雪莉和同學們得到回報的不是成品，而是每道習題都讓他們有機會探索自身的思維，以及自己對於空間、時間、色彩、聲音和形體等特質的反應。沒有人在意自己練習的模樣，只是專注於利用這些練習來與自己的內心對話。從這些看似瘋狂的活動中，他們慢慢了解到自己在這些面向上可挹注哪些個人特質，他們開始將創作過程視為自身教育的核心，明白這不但可以表現在藝術上，也可以表達在化學程式、歷史評論、醫療服務、癌症治療、規劃完善的公園、創意佳餚、甚至是使用金錢的方式等。

每道練習都幫助學生明白，創造天分不僅是源自於內心，也包括能夠欣賞他人偉大的心靈創作。一名學生受訪時表示：「我明白到，創作的一個重要成分是遇到好點子與好作品時能夠認出來，並且想辦法變成自己的。」不過，這也點出了另一項關鍵：拒絕傳統的標準答案，努力求取又新又好的點子。

在貝克老師要求的練習中，學生培養出心存敬畏與保持熱情，這些特質在受訪者身上不斷流露。他們為這個世界震懾著迷，學習如何創新求進步。他們的熱情不只局限在一項專業領域裡，而是涵蓋廣泛，揉合藝術和科學、拉丁文和醫學、歷史和喜劇，或新聞和正義等等。懷抱著赤子般的熱忱，這些極富創意的優秀學生挑戰未知，拒絕平凡並用心創作。他們尋求內在動機，並掌控自己的學習。後面會探討心理學家所謂的「內在動機」，會帶來何種力量，但是這裡也得小心，一旦讓外在動機（如分數或獎勵等）掌控縱操自己，那麼內在力量恐將枯萎死亡。

這些最優秀的學生也了解到，沒有什麼事情是容易的。成長需要認眞的工作，這個世界是一個很複雜的地方，我們的思考和行爲都很容易養成慣性和惰性，學習正是要剷除根深柢固的思考習慣。要做到這一點，我們需要督促自己，不斷改造重建，認眞質疑和追尋探索。

事實上，這就是成功與平凡學生之間主要的差別：一般的學生以爲自了解自己，一旦認爲自己做不好某件事情時，便雙手一攤，以「我做不到！」認輸。然而，那些表現優異的學生則具有截然不同的態度，所以說，主要是態度而非能力的問題。這些人總是堅持更久，不輕言放棄。相較於別人嚷嚷「我不擅長」歷史、音樂、數學、寫作等等，這些人說的可能是「我還沒有學會而已」。傳統的教育鼓勵快速解答，誰先舉手誰先贏。

但是想要有創意，要出現能夠持久並能改變世界的東西，則更需要穩紮穩打，需要時間和奉獻。除非一再努力奮鬥嘗試，否則便不會知道自己的極限與能耐。

本書研究的高成就者，知道自己要做好事情，必須先相信自己能做到，甚至是想像自己正在做事情，而且也必須了解自己。「怎樣做最好呢？」他們自問如何激勵自己？他們都知道內在動機的力量，遠勝於爲了分數和榮譽等獎勵而工作。他們指出：「分數向來都不重要！」一切都是源於內心渴望學習、創造和成長的欲望，如尼爾．泰森所提到：「根據我的人生經驗，抱負和創新每次都戰勝分數。」

雪莉和同學們開始明白需要爲自身的教育負責，他們學會了不是爲老師而做，是爲自己而做。做事情是因爲可以滿足自身成長的需求，她提到：「我從這個班上出來，了解到自己不是爲了老師們來念書，他們不會爲我過日子，我是唯一要對自己將來成就負責的人。」

養成創意人生

接下來，我們來看看沒有上過貝克老師的課，但是有過相似的經驗，最終也展開創意人生的故事。麗茲．勒曼（Liz Lerman）是美國戲劇界一位極負盛名與創意的舞蹈家，她的創作融合了政治和科學、探尋自我和追求眞理，天馬行空充滿想像力。在全世界各地不計其數的舞蹈表演中，「舞蹈交流團」（Dance Exchange）泯除了藝術和科學、觀衆和舞者、教育和娛樂的界線。之前，她從未聽過貝克老師的事蹟，但是自己獨立開發出類似的練習，激發商界領袖、政治家、教育家等人的想像力。在她的練習中，正如諾貝爾獎經濟學得主薩繆爾森（Paul Samuelson）所言：「好的問題勝過簡單的答案。」

麗茲在某個特定時間、特定地點、特定房子的特定家庭裡出生。她在密爾瓦基長大，自小父親便灌輸她追求正義的心。她在那裡學會了跳舞，之後又對政治史、特權與平等之間不停的爭鬥深感著迷。孩提時代，她先後用洋娃娃和歷史小說中的人物扮家家酒，建立起豐富迷人的幻想世界。她提到：「我讀自傳和歷史小說，晚上臨睡前，便用書中的人物演出驚天動地的故事。」

在密西根湖沿岸的世界裡，冬日白雪皚皚，有如杯子蛋糕上的奶霜裝飾，八月炎熱的下午，孩子們則聚在消防栓旁嬉戲弄水，而麗茲則努力尋找人生的意義和目的，她想要塑造自己的價値，想要找到一種思考方式與立足點，讓自己的人生別有意義。她的人生一般是直線條，像是密爾瓦基棋盤般的方正街道，但是偶爾會出現像慕斯基哥大道（Muskego Avenue）般的大彎角，或是像密爾瓦基灣般緩緩的彎曲。她的節奏來自於季節，來自於父親熱中的選區政治，來自於舞蹈課，還有來自於古老的宗教習俗。

後來，麗茲拿了舞蹈獎學金，來到佛蒙特州的班尼頓大學（Bennington College）。在這裡是隨丘陵起伏的線條，不再是孕育她年少時代的平坦大地和湖水。密爾瓦基和湖泊河流一直以來像是一個舞台，麗茲在眞實生活中與幻想出來的演員在此處，隨著政治和宗教的音樂邁力演出，長久下來她一直期許自己能一面跳舞，一面「達到父親的期待，他希望我對抗社會的不公不義，要努力追求公平正義」。另外，她花了「好些年時間思索上帝存在與否的問題」。然而，來到班尼頓之後，線條和圖案、空間和形體、聲音和節奏都發生了改變。

她回憶道：「我有一個好壞參半的大學生活，兩年後轉到布蘭代斯（Brandeis），結婚又離婚，然後又休學一年。」後來，麗茲回到馬里蘭大學，過了一年畢業，然後在喬治華盛頓大學拿到碩士學位。一路上，她有幾個難忘的學習經驗。在班尼頓的時候，有位歷史學教授給她一個問題和一些參考資料，叫她自己提出結論寫篇報告。她提及說：「這就是整堂課，教授每週見我兩次，看看我是否有任何問題。這是我學到舞蹈設計的地方，要找到我自己的聲音。」後來在馬里蘭大學的時候，她修了一堂即興表演，讓她不再害怕犯錯，而是懂得從中學習。最重要的是她喜歡探索，她說道：「我會花好幾個小時躲在圖書館裡，就只是將書本打開而已，目的是讓自己放空。」

在大學畢業後的歲月裡，麗茲從自己的人生經驗和探索能力中發現了創造力。從傾注到生命中各色線條、空間、動作、時間和形體，她可以看出獨特的組合，讓她有能力處理「重要的文化、社會和歷史課題」。她演出一齣頗受好評的舞蹈，觸及「國防預算等軍事議題」。另外，爲了慶祝自由女神像一百週年，她的公司在曼哈頓安排了一場大型的戶外演出。對於兒時的幻想世界，她並不否認或壓抑，而是盡情綻放、翱翔天際。

她是怎麼做到的呢？在接下來的章節中，將會探討這些成就不凡的人士，究竟是如何實現夢想。

大致來說，本書挑選的主角們了解自身的獨特性，確立自己的價值觀，對自己的學習和生命找到目標與意義。我們會看到他們如何運用這些目標和意義，打造出強大的動力引擎，產生了輝煌的成果。他們從內在找到方法激勵自己，內在動機成爲他們的動力。我們將會了解「意志」的力量，以及對人生結果的決定性。這些人發展出靈活的心態，能夠欣賞自己的特質、長短處與成長潛能。我們會探索這種成長的意念如何幫助人們不斷嘗試、越挫越勇，看他們如何面對失敗，又如何反敗爲勝。

這些高生產力和高創造力的人們，會思考自己的想法，此過程稱爲後設認知（meta-cognition），讓人們可以和自己進行有意義的談話，在過程中探索事情的來龍去脈，質疑並修正自己的思維，還有追求自己內心的動能。他們也能欣賞生命中不按牌理出牌的特性，以及人生的「大哉問」與下結論的困難。我們會探討批判性思考的方法，如何讓最優秀的學生得以面對難題並思考意義，讓他們在專業能力上因應調整，在這種方式中經歷貝克老師所說的「最高層次的成長」。

這些人即使面對令人挫敗苦悶的時刻，也能夠安慰自己並獲得心靈的安寧。他們擁有豐沛的同理心，以及自我安慰的能力（遠勝於任何自尊的概念），讓他們得以面對自己的弱點，並尋找成長的空間。這些人都能夠保持平衡的生活，懂得從各種領域學習，而不是局限在單一學科。我們會探索廣泛學習的力量，以及本書的研究對象如何運用這種學習經驗，來促使自己的心智成長，變成極富創意、具同情心、充滿好奇以及會批判思考的人，更能面對與適應生命中所有的挑戰。

最後，本書的研究對象遇到問題時會勇於面對，而不是試圖迴避，這也同時讓其中許多人的課業表現極爲傑出。在最後一章，會探討如何讓深度學習與拿高分並行不悖。但更重要的是，我們將研究這些人如何讀書學習，以及如何以寫作表達理念想法，在世界上做出重大的貢獻，爲自己的生命找到意義。

開啓一個新世界

厄尼斯特．巴特勒（Ernest Butler）在德州東部和中部一連串的小鎮長大，父母都在當地學校任教。和許多德州小鎮的男孩一樣，他親近大地生活，幫助父母在城邊耕種幾畝地，也照顧一、兩頭牛，從大地的節奏、線條和質地汲取人生養分。他學會早起餵食動物等等雜務（這種早起的習慣持續到大學），因爲喜歡古德曼（Benny Goodman）的音樂，所以也學會了單簧管。

莎拉．古德里奇（Sarah Goodrich）在德州聖安東尼奧（San Antonio）長大，這個城市具有豐富的西班牙文化傳統，將近一半的人講西班牙語。在這種環境中，莎拉對西班牙的文化和語言產生了好奇心，想和母親一樣當老師。她是獨生女，夏天時，父母會帶著她到薩爾蒂約（Saltillo）旅行，此地位在墨西哥北部馬德雷山。（Sierra Madre Mountains）裡。

這兩人高中畢業後去上大學，結果在貝克老師的「能力整合課」相遇了。他們回憶道：「那開啓了一個全新的世界，我們發現了戲劇、音樂、建築和創造力。」在大學裡，莎拉主修教育和西班牙文，厄尼斯特則主修化學並選修許多歷史課，還打算去學醫。但是，他們在那堂課上都找到了改變一生的經驗，開始探索藝術和創造力，結果幾乎影響日後所做的每件事情。就像許多上過貝克老師課的學生們，他們學會去思索與關注一項藝術作品如何挑戰思維與刺激心智。最重要的是，他們開始發現了自己，以及自己的創造能力。

畢業後，厄尼斯特眞的去上醫學院，並且和莎拉結婚了。他成爲耳鼻喉科醫生，在德州奧斯汀行醫，創辦一家全美最大的耳鼻喉科診所。行醫幾年後，他買下一家搖搖欲墜的公司，專門製造隔音室來爲病人診測聽力，結果成爲這行在全世界最大的一家公司。後來公司又再拓展，成爲練琴房與無線電廣播室。莎拉在高中教西班牙語，有幾個夏天住在西班牙，並和厄尼斯特一起活躍在當地的藝術界。他們都喜歡探索可以挑戰自己思維的藝術作品，攜手幫忙改造德州中部的音樂、舞蹈、戲劇、歌劇和博物館。他們投入時間和金錢，資助數百萬美元在美術博物館、獎助基金、音樂廳，以及頒設傑出科學教育獎等。他們大手筆做慈善，一口氣贈予德州大學奧斯汀分校音樂系五千五百萬美元。他們捐出大半的財富支持藝術創作，認爲這可爲大家帶來美麗、統整與挑戰。

然而，他們在大學裡從自己身上學到的東西，以及在這個「開啓全新世界」的課程上所迸發出來的創造力，最大的展現之處不是在於他們挹注社區的金額多寡，而是在於他們自己成爲什麼樣的人，在於他們所發展出來的價値觀和態度，在於他們面對自身財富與好運的謙卑態度，在於他們展現創意，將藝術的美麗與力量帶給大家。自從坐在貝克老師的課堂裡，厄尼斯特和莎拉開始學習將藝術融合到生活，感受各種藝術與個人生命及社區之間的和諧並存。當我詢問莎拉家裡是否收藏有大批藝術品時，她淡淡地回答說：「哦，沒有，那可行不通。我們多年來都住在一間不起眼的平凡房子，容不下太多訪客。我們想要和大家分享藝術，希望放在博物館裡，成爲社區的一部分。」

天才認證

一天，威爾．艾倫（Will Allen）正在菜園裡割萵苣，電話鈴響了。這位高大的城市農夫和前職業籃球運動員接起電話，另一頭有個男人問道：「您聽過過麥克阿瑟天才獎嗎？」威爾坦承自己從未聽過，這個男人說道：「我們已經觀察您三年了，您是今年的得主之一，接下來五年您將獲頒五十萬美元，可任意運用。」幾年之後，威爾提到自己差點掛掉那通電話，因為他不知道麥克阿瑟基金會每年都會挑選傑出的創意人士，然後致電表示每位得主將獲頒五十萬美元獎金。

和麗茲一樣，威爾也出身在某片土地與某個家庭。他利用那片土地培養出來的根基，創辦出世界上一場最具獨創性、最有希望的城市實驗。他的父母原本是南卡羅來納州的佃農，後來搬到馬里蘭州南部，在華盛頓特區之外靠著一小家農場維生。他還記得：「我們沒有太多的錢，不能買東買西，但總是有自己栽種的豐盛食物可以享用。」十三歲那年，他用木編籃框套在橡樹上，自己學會了打籃球。六呎六吋瘦高的他進步神速，很快成為美國頂尖的年輕球員，高中三年獲選「全美球員」的最高榮譽。超過上百所大學請他去打籃球，他選擇了邁阿密大學，是第一位到南佛羅里達學校打全美大學籃球聯盟的非裔球員。

在他去念書之前，有位鄰居曾指導他念書。多年後，他仍然記得和她一起去看莎士比亞的戲劇《奧賽羅》，至今仍深受這部故事的力量所感動。直到他念小學六年級之前，他上的是馬里蘭蒙哥馬利郡的種族隔離學校。他還記得：「我們從白人學校拿到二手教科書，有的書頁不見了，也有許多被畫線，沒辦法看得很清楚。」去邁阿密上大學時，「碰到少數白人至上主義者的反對，不過大致上還算順利。」他主修體育和社會學，也修了許多歷史課，因爲覺得十分有趣。「當我大學畢業在比利時打職業籃球時，歐洲歷史的知識正好派上用場。」

當初離開父母的農場去念大學時，他發誓自己永遠不要再做同樣的工作了。少年時，他每天總有做不完的活，像劈柴除草等，必須做完了才能打球，他以爲上了大學便能擺脫這種日子。然而，直到他學會汲取農作傳承的經驗後，他才終於找到創造力，也讓他贏得麥克阿瑟天才獎，與美國大學運動聯盟（NCAA）頒發的「最高榮譽」羅斯福總統獎。羅斯福獎又稱「泰迪獎」（取自羅斯福總統的小名），之前得獎人包括四位美國總統，以及參議員、國務卿、太空人和一位著名的心臟外科醫生，第一個得獎人是艾森豪總統，至於艾倫則是因爲城市農夫的身分而獲此殊榮。

在比利時打職業球隊時，他和一名隊友到一處家庭農場幫忙種植馬鈴薯，無意中發現自己「對農作有隱藏的熱情」。後來他回到美國，在辛辛那提一家公司工作了一陣子，便開始在密爾瓦基郊區、同時也是太太的家鄉務農，最後終於經營起城市邊緣最後一塊農地。就在那兩畝地上，他用自己的經歷與價值觀創造了一場革命。

威爾建立成長動力公司（Growing Power）並擔任執行長，這是一家非營利公司，目標在於處理都市生活的一項基本問題。在世界各地的大城市，人們不知道如何種植自己的食物，普遍也不認爲自己做得到。大家依賴大型企業爲自己提供食物來源，然而由於種植方法恐會危害環境，作物常常無法永續生長。在這套系統中，城市的居民往往吃的是合成食品，比較像是化學合成物，而非有機營養物。此外，在大都市生活卻沒有工作的人們，也沒有辦法維持生計，而威爾的非營利公司便教導他們如何生產自己的食物——即便是生活在大城市中。

以密爾瓦基爲中心發源，兩畝大的農場最後演變成最早的社區食物中心。這些中心以各種新方法實驗糧食生產，並與當地人合作自種蔬果。根據該公司的網站指出：「在小型超市的空間裡，約種植二萬種蔬果植物，另外養殖雞鴨牛羊、魚類與蜜蜂等」。在密爾瓦基和芝加哥，成長動力公司訓練大家自產糧食，包括世代相傳的方法以及因應都市環境調整的尖端技法。同時，衛星培訓站也已經出現在美國南部幾個州和新英格蘭了。該組織指出，「這些系統提供安全健康與實惠的高品質食物給社區居民。」目前的計劃打算建造五層樓的立體農場，這將是一項創舉。

這場革命背後的創意天才，只是遵循「能力整合課」裡教導學生的同一模式。艾倫認爲自己是從經驗汲取靈感與教訓，他分析了城市裡食物種植與分布所需的時間和空間，以前所未有的方式思考如何加以善用。當幾個大型低收入國宅的孩子向他求助如何自己生產食物後，他創辦成長動力公司這場劇劇性的實驗。他驚嘆於孩子們的付出與決心，也從父母從小灌輸他助人爲樂的價値中獲得啓發，不過重點是他學會遇到好點子時要看得出來。在打造城市農場的過程中，他鑽研了廣泛的技術，包括讓魚類和植物共同生長在一個封閉系統的複合養殖法，以及讓廚餘變能量的厭氧消化法。另外，威爾開發出新的堆肥法來善加利用回收的廚餘，創造出一種不用依靠化學肥料的永續農法，現在他將這些方法傳授給大家。這位「農民總司令」經營的公司有六百萬美元的年度預算，而且持續成長茁壯。

這位成立並經營非營利組織成長動力公司的佃農之子，榮登《時代》雜誌世界百大影響力人物榜單。他受邀到白宮，幫助第一夫人蜜雪兒．歐巴馬女士推動一項減少青少年肥胖的計劃，並成爲大學和社區領袖有關城市農業的諮詢顧問。在美國和國際糧食政策與新興農業技術上，他都是備受敬重的聲音。接過泰迪獎後，他對記者表示：「我眞的很珍惜這個獎，因爲它凸顯了學生運動員的志向可以更遠大，不只是娛樂大家的象徵而已。」④顯然，他看重爲團隊打球的日子，告訴我這些經驗讓他學會建立個人關係，讓成長動力公司在城市改造運動上成爲重要的一員。他指出：「一言以蔽之，團隊運動正是我在大學裡學到最具影響力的經驗了。」不過，他也指出：「人生可以做一些積極的事情，以不同的方式來影響別人的生命，而不是讓他們光看你打球而已。」不過，當我問他最重要的創作時，他並沒有提到自己對城市農業的貢獻或籃球生涯，「我幫太太養育三個可愛的孩子。」創造的型態眞是包羅萬象啊！

2 如何打造專家

在傑夫·霍金斯（Jeff Hawkins）設計出小型電腦裝置改變世界之前，他在長島北岸長大，和兩個兄弟與父親都很愛發明，許多是很搞怪的水上玩意，他提到：「我們家有點像老電影《浮生若夢》（*You Can't Take with You*）」。晚餐時，大夥總是狼吞虎嚥，然後直奔大得十分詭異的車庫趕工，因爲車庫似乎比房子更大呢！在這個魔法般的空間裡，他們用塑膠、金屬和木頭等打造一艘奇形怪狀的船，看起來很像是外星飛碟，不像是週日午後聚集在長島海灣那些平常的帆船。

沒有東敲西打搞發明時，他會騎著腳踏車到圖書館看歷史、社會和科學等書籍。他對數學遊戲的書籍很著迷，高中時加入數學校隊。傑夫也對魔術感到好奇，但他不是熱中於學些把戲來唬弄朋友，而是很想知道明明有矛盾、與常識相違，人們卻爲何這麼容易受騙呢？他心中自有一套世界運作的模型，若是遇到有事物與模型抵觸，便想知道原因，並加以改進。出於同樣的原因，這位未來電腦業的巨人開始對音樂感到興趣，想要找出來爲什麼各種音樂會吸引不同的人：爲什麼某種音樂會打動人心？爲什麼有人會鍾情於某種類型的音樂呢？

十八歲時，傑夫進入康乃爾大學當新鮮人，他列出四個想要弄清楚的大問題。第一個問題是，爲什麼有東西存在呢？「沒有東西存在，似乎比有東西更有可能啊！」許久之後，就在他成功發明第一代電腦行動通訊裝置，將 Palm 和 Handspring 打造成數十億美元的公司時，他向我解釋了當初的困惑與追尋。第二個問題是，既然宇宙眞的存在，爲什麼會有特定的物理法則呢？爲什麼有電磁場，或者說 $E=mc^2$ 呢？他思索著。第三個問題是，爲什麼有生命存在，而生命的本質是什麼？第四個問題是，既然有生命存在，智慧的本質是什麼？他說道：「在我的一生中，希望能至少回答最後一個問題。」

傑夫的成績很好，但從來不是班上前幾名。他表示：「我在班上只是做該做的事情，但是從不在乎是不是拿第一。」他通常坐在教室前排，專心聽講並寫作業，但是他更專注於自己著迷的東西。因爲簡單的答案永遠不能滿足他，所以他尋求更深層的解釋。「以變魔術來說，不僅要弄懂如何變把戲，更要了解爲什麼有人會被騙。」從歷史上看，代表要追問前因後果，而工程學則是要弄懂東西運作的道理。不過，他也發現自己所追求的許多學問，並沒有地方可「查詢」，因爲沒有簡單的答案。

在大學裡，他沒有遇到偉大的老師或改變一生的課程，但是他很享受自由，也很快找到人生的兩個摯愛：物理和未來的太太。他告訴我：「人生中有另一個人的存在，眞是莫大的不同。」

他在康乃爾還發現另一點，就是在大學裡通常都是別人安排好一切事項。他說道：「在大學時的問題，是興趣不一定與被指派要做的事情相符。」於是，他先做好必須要做的事情，縱使不是自己的優先選擇。當事情做完後，他就去探索自己著迷的問題。「如果我有作業，我就做，但是我只對眞正感興趣的東西追根究柢。」

就在這些追尋探索中，他採取了深度學習的精神與方法，仔細追問每個領域中的「爲何」與「如何」，並嘗試讓每個領域融會貫通。最重要的是，他繼續在心中構建世界的模型。他指出：「你可以建立數學模型，但也可以在音樂、商業和工程學等領域中做同樣的事情。」從孩提時代起，傑夫就一直在建立這些模式，這些抽象概念幫助他了解這個世界。而在大學裡新獲得的知識，讓他得以打造更複雜的模型。他把學到的東西建立出理論，發展出概念，並且想像可能性與機率。他思索人生，不斷將事物翻來覆去地檢視，直到從懵懂混亂與矛盾隱晦的世界裡，開始浮現新的見解。

學習風格

究竟什麼樣的人能在學校與人生中脫穎而出呢？專家對這一點的看法，正處於重大改變的轉捩點上。三十五年前，像傑夫這種人會被當成是異數，平凡的學生望塵莫及，也許是集個性、超高智慧或其他變異所造成，大部分人永遠無法明白。然而，越來越多研究顯示，大多數學生不但可以做得到傑夫的學習風格，而且應該這麼做，否則其大學經驗恐怕將變得毫無意義。這種概念上的大轉變，並非發生於一夕之間，也尚未獲得廣泛的認可，從貝克老師等洞悉心智運作精髓的理念開始，繼而又有重要的理論和研究，探討專業知識、學生抱負志向、大學學習情況與內在動機等面向。在我們的「最佳學生」調查中，試圖將這些線頭相連，作爲一個強大的工具，幫助大家在大學與日後人生中獲得成功。

這方面最早的研究，始於三十多年前瑞典大學的一個實驗。在這個實驗與後續的研究中，心理學家發現大學生有三種學習型態（通常自己不會意識到），攸關其將會學到多少東西。好消息是，每個學生都有可能發展出最佳的學習風格，然而大多數人從來沒使用過最有效率的方式，因爲已經習慣用其他方法了。爲什麼呢？後面會談到更多，現在先來了解有哪三種風格或意圖。

在哥德堡大學最早進行的研究中，心理學家發給學生一篇文章閱讀。①在這些志願參與研究的大學生中，有些人的閱讀速度相當快，然而這不是重點，研究關注的是另一項因子。當研究人員訪談學生時，有些人說自己只是試圖記住越多越好，這些人被心理學家稱爲「表面學習者」，尋找自己能夠記住的事實與字句，預先設想別人會問什麼問題。在後來的研究中，我們了解到表面學習者通常只注重通過考試，而不是善加利用任何自己讀過的東西。②

但是，有些學生則懷抱不同的目的。他們想了解文字背後的含義，思索其意義應用，尋找癥結點，並且區分佐證和結論。這些學生試圖理解概念、論證或事實之間有何不同，也會思索與自己的認知有何關聯。總之，這些「深度學習者」尋找每片拼塊的熱忱，彷彿是在找尋寶藏的五歲小孩，不過他們擁有了分析綜合和評價歸納的技巧與能力。

在開頭的研究之後，多年來社會科學家發現第三種學習方式。這派「策略性」學生主要只是想拿高分，通常是爲了要念研究所或上法學院和醫學院等。這些人通常會在課堂上大放異彩，讓父母爲他們的高分感到驕傲。在許多方面，他們看起來像深度學習者，但是基本的關注是不同的。他們一心一意只想找出教授要什麼，以及如何高分通過考試。若是他們在過程中學到什麼東西，或是改變思考、行動或感覺等，多半是誤打誤撞，他們的本意絕非如此，最主要的還是想要贏得高分畢業的肯定。

表面和策略意圖的危險

雖然拿書卷獎很棒，但是策略學習者很少冒險，因爲擔心額外的事情恐怕會拉低平均分數。因此，他們很少穿過無人的林徑去進行知性之旅，或受好奇心驅使到知性和想像力的樂園裡探險。他們念大學時是拿著一份清單，而不是帶著敬畏和著迷之心，往往只是學到照本宣科，而不解事物的眞正含義，例如按照步驟解微積分問題，但是根本不了解背後的意義，而且從來也沒想過要了解。說句公道話，有些學生是不知不覺變成策略學習者，因爲向來都是被教導以這種方式學習，因爲習慣或制約的關係，讓大家無意中成爲策略學習者，接下來馬上會談到。結果是學生們不能舉一反三，無法將解題方法套用到概念相同、但表面有所更動的題目上。或許策略學習者會將正確的數字套到正確的化學程式或物理考試上，或是把適合的詞句套進一篇寫好的文章裡，但是對他們本身所思所爲和感覺並無太大影響。

在往後的人生中，這些人了不起成爲日本某些理論家所稱的「例行專家」，他們了解所有規定程序，但極少有創意性。③當生活中出現不按牌理出牌的問題後，例行專家極少懂得變通。他們沒辦法處理突發狀況，很少開創新局或發明新的思考與行事之道，當遇到不同類的問題時，有時候只能徒呼挫敗與無奈。相反地，具適應能力的專家也知道所有傳統套路，但是他們還擁有別的東西，是在最優秀的學生和一般的深度學習者之間都會看到的特質。這些人兼具能力和態度，明白、甚至享受需要「發明」的時機和必要性，這種專家喜歡挑戰未知，對付眞正困難的問題。社會上需要這些靈活型專家，不論是要處理氣候變遷造成的破壞、搶救低迷不振的經濟或是結束戰爭，但很少策略學習者能發揮想像力靈活應變。

不過，策略和表面學習者的問題不止於此。他們會覺得學校很無聊，並不時引發焦慮或甚至憂鬱。他們往往不喜歡接受新的問題，最重要的是，他們學到的並不多。記得上一章提到物理系的學生拿到全A，卻還是對運動觀念毫無了解嗎？這些人就是策略學習者，他們知道在考試中，如何將正確的數字套入正確的式子裡得到正確的答案，但是對於其中的意義恐怕一無所知。同樣地，英文或歷史課的策略學習者，閉著眼睛也可以寫出一份五個段落的文章，但是他們所寫的東西，對於自己幾乎毫無價值。這些人的教育對於日後的思考、作爲與感覺充其量只有極小的影響，難怪他們將大學當成跨欄障礙賽，而不是高潮迭起的終身之旅。

或許應該在這裡澄清，如果在試圖理解或是思索相關意義的過程中記住了某些東西，基本上與爲了考試死記硬背是不同的。所謂的深度學習法，是指掌控自己的教育，決定自己想去理解、創新、找尋文字背後的意義，並且了解到書本上的字句只是符號，然而符號的背後與人生無數面向及自身發展都息息相關。這種意圖與動機關係密切，從內在驅力生出，同時也成爲重要的燃料與方針。本書的研究對象不只是掌控自己在學校的學習，也爲自己創造了整套教育，對於人生與思考都造成了不同。

最近我碰到一個大學生就是本末倒置了。我說：「你即將要大考了，你看起來好像很緊張。」

他答道：「哦，對啊，我很緊張，但我想我會沒事的，只要背二十個詞彙就好了。我有一個朋友去年修過這堂課，他說考試就是考這些。如果可以拿B的話，我想不會把平均成績拉低太多。」

請注意這裡的模式。當學生害怕失敗時，往往會無法入睡。他們很擔心，於是決定死記硬背，心想只要這樣就行了。也許他們會成功通過考試，平安度過這堂課，也許沒辦法，但一切都變得沒有意義了，在這個過程中沒有東西產生持久的影響力。毫不令人意外，表面學習者失去了興趣。若只想過關就好，誰能保持興趣與著迷呢？

以上不代表表面學習者永遠不會進行深入研究，或是深度學習者不會偶爾囫圇吞棗，或是策略學習者永遠什麼都不懂。過去三十年來的研究，只是指出學生會產生強烈的意圖，來左右學習和研究。他們發展出的學習風格可分爲深度、表面和策略學習法，正是此份意圖主導一切，進而塑造我們的人生。許多學生從來不會深度學習，只因爲他們的企圖心頂多是爲了生存或是拿高分而已。

意圖關係重大嗎？

許多人士依然相信學習方法不重要，只要教會學生念書的好方法，他們自然會在學業上運用這些策略，在不計其數教大家「如何變成好學生」的書籍上，都可以看到這種態度。這類指南會傳授各種學習技巧，以及如何拿高分的祕訣，但是不會提到意圖或動機之事。當然，我們需要發展出良好的閱讀寫作和計算能力，而且念書需要努力認眞，但若缺乏深入學習的企圖，那麼世界上所有的技巧都不會在你身上留下烙印，美國心理學家蘇珊・諾倫（Susan Bobbit Nolen）幾年前的研究就已發現這一點。

在一系列的研究中，諾倫對學生提出問題：「什麼讓你感到自豪呢？」④有人這麼說：「我覺得最成功的是自己的分數比別人高，讓大家知道我很聰明的時候。」她稱這些人爲「自尊導向」，相當於我們說的策略學習者。另外有人回答，最成功的時刻是獲得新的想法，或是學到某種東西讓人求知若渴的時候。她稱這些人爲「任務導向」，即我們說的「深度學習者」。

諾倫研究學生的閱讀習慣，她注意到自尊取向者即使有學過更好的方法，仍經常使用表面策略。他們一般只想記住東西，反覆閱讀背誦，並試圖記住新的字彙。相較之下，任務導向型的學生，縱使沒有人督促他們，仍會爲了喜歡學習而學習，並且使用更深入的方法。他們尋找基本的論點，決定哪些訊息是最重要的。他們思索新的訊息是否支持或改變自己的信念想法，並不斷自問是否了解所念的東西。總之，他們使用的策略最容易產生理解，帶來批判思考、創造力和靈活應變等專長。

諾倫還發現了另一種類型的學生，她稱之爲「逃避工作型」，就是我們先前講的表面學習者。這些人告訴她，自己覺得最成功的時候，是可以「少做一些工作」，或是「所有工作都很輕鬆」，或是「不需要工作太認眞」的時候。這些人使用什麼樣的策略呢？大部分與自尊導向型的學生雷同，總而言之，無論是表面、逃避工作與自尊導向型（即我們所謂的策略學習者）的學生，他們用來讀書學習的策略極少讓他們能夠眞正明白，也讓人懷疑他們能否創新。

思考方式的起源

若是你認為自己符合表面或策略學習者的描述，不用感到絕望，你不會永遠只鎖定這樣的學習方式。若你自認很聰明，絕對不會淪落到使用這種學習方式的話，還是要小心為妙。人人都可能是表面或策略學習法的受害者，但是我們都可以逃脫，智力或個性並不會決定學生發展出哪種學習風格，世界各地的研究者都曾發現，有些能力極高的人可能發展出表面或策略學習的傾向，而一般的學生也有可能掌握深度學習的技巧。在本書的研究對象中，有些人從策略學習變成深度學習，顯示風格不是天生烙印在靈魂裡，不管是害羞或大膽的學生，都可能出現這三種學習型態。

許多學生因為一系列複雜的因素，而採取表面或策略學習方法，若是希望避免發生這種情形，並找到深度學習法的話，必須先了解這些因素。有些因素是來自於學校，比如說考試總是出選擇題，只要求學生認識孤立片段的事實就可答對。這樣一來，學生最後當然很容易認定：人生的目標在於記住孤立片段的事情，而非尋找意義。若是申論題考試只希望學生將書本和老師說的話照抄一遍的話，將會鼓勵膚淺而無意義的學習。像我之前有一名同事說道：「若是火星來了一位人類學家降落到校園考察，想要明白大學教育的目的，她可能會理所當然地認爲，所有活動都是爲了學習如何通過考試而設計的。」

由於強調什麼都要念，促使學生們草草讀過所有教材，而沒有足夠時間徹底思考。若是課業量繁重，也會迫使人們去尋找捷徑，只求度過一切。另外，學生生活中充滿五花八門的活動，讓大家分心，也沒有足夠的時間深究問題，再加上高等教育的費用暴增與獎助金額大幅減少，許多人必須長時間打工才能應付生活費，這些龐大的經濟壓力迫使大家念書時匆匆忙忙，急著畢業找工作。然而，也不能全怪學校教育，實際上是社會環境使然，因爲人們經常被迫敷衍了事，鼓勵學生重視表面的榮譽肯定，勝於深入了解。

內在與外在動機

現有教育方式容易助長表面和策略方法，並對深度學習產生最大打擊。關於這項議題，背後隱含更加根本的概念。兩位年輕心理學家德西（Edward Deci）和同事雷恩（Richard

Ryan），以一個問題與實驗揭露了泰半的面紗。⑤實驗如下：想想自己喜歡做的事情，如打棒球、看愛情小說、烤千層麵、算數學或讀歷史等，假設有人一開始付錢讓你從事最喜愛的活動，後來又停止給你獎勵，那麼在面對外在動機與隨後消失的情況下，原來內在的興趣強度有何強弱變化呢？會因爲這種外在激勵而增強減弱或保持不變呢？換句話說，獎勵和懲罰最終會如何影響慾望呢？

之前，世俗傳統智慧和盛行的社會科學主張，若是想要某人做事情，給予獎勵是最有效的方式，可刺激大家未來持續進行。根據這派流行的學說，就像老鼠走迷宮一樣，人類也要有外在激勵等著他們，才會認眞工作求取表現。但是，這兩名學者對此抱持懷疑，於是用他們的心理實驗室找到了答案。⑥經過多次研究後，這些羅徹斯特（Rochester）的社會科學家和其他學者得出的結論是：實際上，外部動機可能會減少興趣，尤其是若當事人感覺被操縱的話。在最極端的實驗中，拿錢做事的學生失去了所有的興趣，而自願做事情的人會繼續做下去。這些發現具有重大意義，因爲如果不關心學習，那麼不太可能會採取深入學習法。

就德西和雷恩的思考實驗而言，正規教育是最佳借鏡。即便是孩童帶著興奮、好奇和著迷之心來體驗，然而學校布下大量精心規劃的外在獎勵，結果卻扼殺了內在動機。從小開始，人們學會爲了拿一顆金色星星或好成績來念書工作，正如德西的同事這麼說，他們感覺「失去控制」，換句話說，他們覺得受到操控了。隨著身爲獨立個體的感覺悄然消逝，學生的興趣在「規定」和「作業」大軍齊攻下也崩潰了，他們不再掌控自身的教育，童稚的好奇心往往凋零消逝。

正規教育的結構也容易強化這種過程。⑦當人們回答或解答自己認爲重要、有趣或很美的問題時，最可能採取深度學習法，而且不會覺得別人控制了自身的教育。然而，在大多數課堂上，學生通常沒法控制問題，教育現實與促進深度學習的理想之間留下巨大的落差。雖然有一種說法也很有道理，主張老師們應該掌控發問，因爲他們知道得更多，而且可以想到學生永遠想不到的問題，然而這種結構依然會助長策略性與表面思考。

以我的侄女爲例。她五歲時，和我一起從德州的奧斯汀開車到聖安東尼奧。在35號州際公路奔馳的七十八哩之間，小女孩大概問了我七千八百個問題，簡直是沒完沒了。她最好奇的是天文學，不停地問道：「晚上太陽在哪裡？」「星星白天在哪裡？」求知欲就像許許多多五歲的孩子，無止無盡。

時間快轉十五年。我侄女要升大三了，我急著想知道下一學期她有何規劃。在家族聚會的時候，我問她：「這學期要修什麼呢？」

「就一堆必修課啊！」她呑呑吐吐。

「哦，例如呢？」

「我必須選一些科學的課。」她回報鬼臉與嘆息。

「妳決定選什麼呢？」

「我選了一門天文課。」

「太好了。」我叫道：「我知道妳一向都對天文很感興趣的。」

她看著我，好像我發瘋了，不可置信地問道：「你說什麼啊？」自從許多年前那趟公路之旅後，發生了一件悲慘的事情：她去上學了。在求學過程中，她失去了童稚時期讓生活繽紛多彩的好奇心，而這種故事人們再熟悉不過了。

然而，本書每個研究對象都上過學，最後也都成爲富有好奇心與想像力的人。他們在正規教育下，能夠繼續保有好奇心或變得更有好奇心，正是他們蓬勃發展的一個關鍵要素，使他們成爲具批判思考、創造力和適應力的專家。他們是如何做到這一點？在與這些成功人士的多次訪談中，看得出來他們都忽略了高分等外在激勵因素，並找到內在動機來念書。許多人告訴我，他們不關心分數，除非分數能顯露出其思考程度。尼爾・泰森指出：「我是因爲好奇、興趣和著迷而感動，並不是考試拿高分的緣故。」許多訪談對象已經取得相當的聲名財富，但是這些似乎也不是推動他們工作的原動力。

讓我澄清一下。策略和表面學習者對於了解事物極少興趣，只想贏得讚美、榮譽或過關，分數好比是通關護照，代表生存或通往功名利祿的門票。平均成績有如紙牌遊戲中的點數，可以讓人前進過關，到學校好像不是在念書學習，而是玩遊戲求取勝出。對這類學生來說，成績很自然成爲操控個人的工具，讓人對自身的教育失去掌控權。相較之下，深度學習者或許對分數也有興趣，然而只著重於分數能否有效評量其能力和工作，讓他們得以改進。若是有特別敬重的老師，學生可能會很急切地等待老師評分，因爲具有不同的意義。深度學習者最感興趣的是對自己思考與工作的實質回饋，對於分數本身不感興趣，而是在於能否彰顯其思考和行動的評價。「保持好成績」意味著保持較高的知識或藝術水準，分數只是一種縮寫，代表更深層次的內涵。深度學習者注重的是較高層次的意義，並不是分數本身或競賽遊戲中的「點數值」，動機仍然是內在的。

即使在我們研究深度學習的對象中，有人會看重自己的分數，如在紐約當醫生的黛柏拉·哥德森（Debra Goldson）便坦承不諱，然而她仍然沒有忘記自己主要的學習目標。追求高分向來不是她的動機，重點還是希望能多方學習，幫助自己成為一名優秀的醫生，這才是督促她完成學業的動力所在。

這些人是如何一方面受分數所限，一方面又能躲過這類外在獎勵的禍害呢？無疑地，部分祕訣在於他們會檢視自己的人生，進而欣賞唯有自己才能掌有的特質和觀點。自我反省讓學生了解激發自我靈魂的熱情有哪些，甚至了解若是一直看不透外在動機的力量，恐會受其無情的殘害。看透了這些，讓他們有如醍醐灌頂，對自己可能的成就、人生獨一無二的特性，以及有何特殊貢獻的潛能等，便能豁然開朗。在教育過程上，他們擁有了自己做主和奮發圖強的視野。

他們對自己有何認識呢？雖然本書每個研究對象各自找到不同的動機，但是有三種關鍵因素幾乎出現在所有人的生命中。

最基本的是他們重新找回了童年的好奇心，喜歡思考未知事物，對於生存的世界心存敬畏。他們肯定自我見解的獨特性，面對或體驗事物時感到喜悅，會好奇意義、關聯與應用性。當發現個人的熱情所在時，他們會尋找方法加以開發，不斷整合並延伸擴大領域。這些最優秀的學生懂得如何探索人文、藝術與自然，並找到每個興趣之間的聯繫。他們摸索著未知與思索人生，在工作和成果上都得到無比的喜悅，生命變得更有趣又環環相扣。

其次，他們發現學習變得有創意，即發掘貝克老師所說的「心靈動力」。有一個人指出：「我喜歡廣泛學習，因爲學習的一切，所獲得的想法和見解等，都有助於我激發想像力，變得更具生產力。」光是學習認識自己如何成長，都能讓他們發現相當大的動機。我們有許多研究對象甚至是在發現的過程中衍生出更多興趣，進而研究自己的心智如何運作，以及如何學習來提升自己的思考。成長中的每一步（不論成功或失敗）給予他們很棒的新點子，讓他們變得更有生產力和創造性。然而，他們不是爲了創意而創意，有生產力的人生是具有目的，目的驅使大家努力。他們追求成長，以創意處理某些課題，或是達成某些很重要的目標。

最優秀的大學生理解每個人都是獨特個體的原理，也領悟每個人都可以從別人特殊的貢獻中受益的道理，他們可以學習整合他人從自身獨特歷史中塑造出來的見解、觀點和創作。貝克老師強調：「創作過程中，有部分是遇到好點子時能夠認出來。」因此根本上，即使讚嘆別人小小的成就，也能引發動機，帶來挑戰和激勵。如巴特勒指出的：「我學會了欣賞能夠挑戰並激發我思考的藝術作品。」

找尋教育的目的

當這些最優秀的學生尋求發展自己的心智，讓好奇心驅動人生，成為求學的內在動力，便可超脫成績和榮譽，然而這不是全部的動力來源。很明顯，大多數受訪者都深入思考過人生最深奧的問題，即自我存在的意義與目的：我是誰？為什麼在這裡？我的角色是什麼？在這種追尋中，他們思考自己重視的價值，自己想要成為什麼樣的人，以及希望幫忙創造出何種世界。這些人培養出敏銳的正義感和同情心，發展出悲天憫人的胸懷。他們重視價值觀，確立對社會群體的責任感，成為人生前進的動力。有些人是從宗教信仰中孕育出這份想法，有些人則是來自於嚴格的個人與家庭價值。

近年的研究顯示，大多數學生進入大學時也對價值觀的發展非常關切。在美國一項七年的長期研究發現，八成大學新鮮人期待大學經驗，能夠有助於澄清人生目標的疑惑；有三分之二的學生表示，大學在「幫助發展個人價值並促進自我認識」這點上，「非常重要」或是「最爲重要」。⑧在本書的研究對象中，也普遍出現相似的模式，他們的生命充滿對理性與目標的關切，本書後面也會一再看到，這些人往往發現，最大的滿足在於爲社會正義而奮鬥。他們昂然而立，因爲從未失去這些價值觀，並且是學業與人生成功的驅動力。

喬爾．費恩曼（Joel Feinman）是亞利桑那州的公設辯護人，他說道：「我生長在一個強調回饋的家庭中，我們很幸運已累積相當的財富，父母和爺爺奶奶總是強調我們要善盡社會責任，這就是驅使我上大學和念法學院的動力。」

他和弟弟在土桑（Tucson）長大，從小父母以言教和身教不斷灌輸這種信念。父母鼓勵他們看書，盡量不要看電視，並強調教育的價值，要對世界多加了解並做出貢獻。念高中時，他對當地歷史相關的政治社會問題日益關注。⑨

喬爾提到：「我的父親出身紐約一個富裕家庭，但他教導我們了解不公不義之事，這是許多西語裔經常碰到的歧視，他希望我們能加以改變。我們是哈德遜河谷的移民，但我們擁有財富，且不是穿越邊界而來。」他所見到的貧富差距並不公平，甚至是殘酷的，讓他對社會正義的議題日益關注，並漸漸驅使他往此方向學習。

在本書的研究對象中，並不是每個人都像喬爾一樣涉及政治，但是許多人都發現類似的動機。他們對正義課題發展出強烈的關注，他們對世界有想像、有願景，對自己有期待。他們對世界充滿好奇，不管探索哪塊領域，這些課題都有助於推動學習。他們不一定會戰勝生命中遇到的外在動力，但是我們再三看到，唯有他們不在乎學業成績與其他外在獎勵，讓學習的單純喜悅、想要成爲創意之士，以及關注社會等驅動個人成就時，他們才是眞正勝利了。第八章還會再看到喬爾的故事，因爲他對正義的無比熱情，成就了一個令人欽佩的故事。

掌控自身的教育

因此，成功有部分便是從掌控自身的教育做起，明白我是自己的主人。若是缺乏學習的機會，沒有人會成功，但是擁有機會之後，還必須找到讓自己認眞工作與念書的動機。

斯蒂芬·科爾伯特（Stephen Colbert）提到，他從十歲開始便掌控了自身的教育，決定想要探索的領域，多年後，他用深夜電視談話秀改造了美國喜劇界的面貌。斯蒂芬生長在一個幸福的大家庭裡，在南卡羅來納州查爾斯頓郊區（Charleston）的詹姆斯島（James Island）上。在家裡，學習和好奇心深受重視，他的父母都是虔誠的天主教徒，父親是南卡羅來納州醫學院教務處副主任，他們都教導孩子們要懂得發問。

斯蒂芬是家中十一個孩子中的老么，所以不停地得到哥哥姐姐們的關注和讚賞。他沉思回憶道：「他們經常用『可愛』來形容我，幾乎用到爛了。他們總喜歡把我抱起來，背著我到處玩，讓我覺得很受重視。」

在炎熱潮濕的夏天，有時他和父親會去弗利海灘碼頭（Folly Beach Pier），請教當地人往哪裡下竿最好，然後一起坐在碼頭上享受垂釣之樂。然而，十歲時一切歡樂戛然停止，父親和兩名哥哥在北卡羅來納州夏洛特（Charlotte）附近一次飛機失事的意外中喪生了。他提起：「此後，我想我的工作就是讓媽媽重拾歡笑。」這間原本充滿十幾個家人歡聲笑語的房子變得安靜，只剩下一個想安慰寡母的小男孩說笑逗趣了。

斯蒂芬在美國南方長大，這裡經常是大家調侃嘲弄的地方。在電視電影中，南方口音等同是插科打諢和愚蠢無知的代名詞。在大家的心中，若說話帶有南卡羅來納州的口音，那此人必定心靈有殘缺。爲了彌補這點，他刻意改造自己，想擺脫這種帶有惡意嘲弄的刻板印象，於是鎖定自己心儀的全國新聞廣播員，仔細模仿說話的節奏和腔調。這是他在創造角色上最早的探險，有助於確立日後他在美國喜劇和政治嘲諷批判上的地位。

斯蒂芬總是大量閱讀，不是爲了學校，而是讀他著迷的東西。他記得：「我只做有興趣的事情，我看了許多書，不經意地學到對考試有幫助的東西。」他讀古代和中世紀的歷史，讓他可以盡情縱覽史實，並思考原因結果。他也鑽進科幻小說的世界，玩桌上角色扮演遊戲，並曾短暫幻想過要當海洋生物學家。然而，這個夢想在手術檯上死了，原本手術是要修復右邊耳膜破洞，沒想到卻讓右耳聾了，也毀掉他從事與潛水相關職業的夢想了。

上大學時，他選擇一個想要念哲學的地方，但是對戲戲的興趣不斷滋長。在漢普登雪梨大學（Hampden-Sydney College）念了兩年後，轉學到西北大學，進入舉世聞名的戲劇課程。此處文科鼎盛，學校開設一門從大二到大四共三年的表演課程，包括從莎士比亞到蕭伯納所有經典作品，以及長期「與舞台工作人員並肩工作」的機會，讓大家有實際參與的經驗。斯蒂芬決心在兩年內修完課程，這意味著他幾乎時時刻刻都在工作，完全沒有時間參加社交活動，但這也意味著他完全沉浸在這人生最快樂的一段時光裡。他說道：「我對西北大學有著美好的回憶，但我除了老師之外，沒交到什麼一輩子的好朋友。」

西北大學位在芝加哥北方，依傍密西根湖，佔地廣闊。在這裡，他遇見了安・伍德沃思（Ann Woodworth）這位好老師，在我上一本書《如何訂做一個好老師》（*What the Best College Teachers Do*）裡曾經提過。他指出：「安成爲我的朋友和重要的導師，她總是很支持我，相信我的能力。更重要的是，她鼓勵我要對自己的感情誠實，這件事對我和對任何人來說都很難做到，但是她十分堅持，絕不妥協，這點讓我很感激。」

還在西北念大學時，他開始在芝加哥一間即興創作的劇院工作。「那裡以我從沒想過的方式，讓我眼界大開。」在那間劇院裡，他學會接受失敗，甚至是愛惜失敗、擁抱失敗。在本書研究的對象中，幾乎每個人都傳達出相似的訊息。斯蒂芬說：「對於轟炸一定要ＯＫ，必須學會愛它，那是很棒的解放經驗。」

對他來說，劇場表演讓他眞正體會到失敗的解放快感。他指出：「對於失敗來說，即興表演是偉大的老師，因爲你不可能每次都做對。」但是，在失敗中尋找安慰的能力，源自於母親不停的教誨，也許是從他十歲家裡遭逢巨變開始吧！「每當心碎難過時，媽媽總是說：『以永恆來看待片刻的失望；相較於永恆，此刻何足掛齒。』若是不將此刻的失敗放在心上，那麼可讓人打開胸襟，迎接下一刻到來。」

「若是不這麼看待事情，只會困在失敗當中；若是對於失敗耿耿於懷的話，那麼一次的失敗將永遠讓人掛記心上。」他坐在曼哈頓中城的辦公室裡，一邊爲夜間電視節目準備，一邊對我說道。然而，他也馬上澄清：「但那不代表不應該從失敗中學習，不過，最主要是學習不要太過擔心。」至於人生，他說道：「你之前又沒做過，怎麼可能一次就完美不敗呢？」也許這種態度幫助他不會把成績看作是控制自己的東西，而是一種可以利用的反饋。

斯蒂芬打造出來的人生哲學觀，源自於劇場教育、母親教誨與閱讀書籍(包括福音)匯聚而成，這份哲學觀釋放了他，讓他得以去冒險探索與鑽研，因爲喜歡做而做，這一切讓他爲源源不絕的創作精力找到出口。在工程師、記者、醫生、經濟學家與各種深度學習與創新工作的人們身上，都可以發現相似的情況，他們在自己的創作中找到了慰藉。不過，在本書受訪者當中，各有不同的人生養分與獨到的世界觀，孕育自個人不同的環境與際遇。

對於斯蒂芬，「不用擔心」成爲一種口頭禪。他引用道：「耶穌說，『我告訴你們不要擔憂，你們中間有誰能用擔憂增加一個小時的生命呢？』」他帶著馬竇福音這段話行走人生，通過課堂教室和劇場裡辛勤的學習工作，以及自我經驗和信念的淬煉，讓他相信每件事情、每項錯誤和每個悲劇都可以學習，甚至是學習用歡笑來避免哭泣。

在西北大學上大四時，他選修了羅洛夫（Lee Roloff）教授的課，這位榮格派心理學家幫助他從心理學的角度來探索文學。他回憶道：「這是一堂很棒的課，對我產生了深刻的影響。」期間，他讀了波特（Robert Bolt）的劇作《良相佐國》（*A Man for All Seasons*），以及這位屢獲殊榮的劇作家爲劇本印行所寫的文章。這位深夜談話秀的主持人承認道：「我肯定是讀了不下上百次，對我影響深遠之至。」在那篇文章中，探討了何謂定義一個人的中心價值，以及現代社會如何剝奪人們的核心價值，把大家變成只是消費商品的人士罷了。結果，爲了追尋人生價值，造就科爾伯特對教育懷抱深深的企圖，也造就他這個人，以及他所打造的喜劇面貌。

這份影響可以在百來個諷刺短劇中看到，也可以在他代表農工移民到國會作證時看到，甚至是他為深夜電視節目選擇的來賓時看到。有一晚他與哈佛哲學系教授凱利（Sean Kelly）座談，討論這位常春藤學者在西方經典文學的研究，以及尋找對現世的意義。他大學時代閱讀經驗的幽魂又回來了，迴盪在兩人的對談當中。

和本書研究的創意人士談話時，都會聽到類似斯蒂芬的故事。他們追求的不只是物質上的功名利祿，而是自我內在的成長，對世界的好奇心帶領著他們探索人文、藝術與創作的世界。這意味著他們不僅關心個人發展，也關心人類的發展；當獲取知識或財富時，他們秉持自己的價值觀，這些都成為他們追求深度學習的一部分方法。

避開魔鬼

花時間想想看自我省思可能帶來的其他結果。有些人將焦點放在自己身上，可能會導致自大傲慢，不具生產性，又很容易冒犯別人；也可能造成一種自我錯覺，比如說，許多進入知名學府的人會以為，自己全部的責任就是念好書而已，這種想法嚴重阻礙正義感的培養。他們相信只有自己配得上這種好運，其他人則不配享有。在傲慢作祟之下，他們往往無法了解塑造每個人一生的諸多複雜力量。有時候，若無法達成自我期待的話，這種自以爲了不起的心態會得到反效果，當事人可能會變得沮喪、異常焦慮，甚至導致自殺，或是濫用酒精藥物等。這時候，信心可能轉變成自我懷疑、羞愧或自私自利，讓人聯想起兩歲的孩子。縱使人生並未遭遇不順，這些人仍然可能缺乏同情、理解或任何正義感。很遺憾的說，有些人克服貧窮或種族歧視等極端艱困的處境，創造聲名財富的巔峰，卻變得無法理解他人面臨的困難與處境。

另外，有些人生活在艱困不利的環境中，卻始終過著自艾自憐的失敗生活，總是怪東怪西，從來不爲自己的教育負責。他們陷落在一種情境中，心理學家塞利格曼（Martin Seligman）最早稱之爲「習得無助感」（learned helplessness），指人們不斷遇到阻礙而無法成功，縱使障礙消除了，仍然表現出一副無能爲力的模樣。[10]他們甚至怪咎自己，對於自己所謂的「無能」陷入毀滅性的自滿當中。

當本書的受訪者發現內在動力並掌控自己的興趣時，該如何設法避免盲目自大和茫然無助的感覺呢？這個問題的答案，對於了解如何變成創意之士，顯得格外重要。首先，必須學會善用自己過去的經驗，而不是認爲毫無相干或加以排斥。的確，自我省思有一個很重要的部分，是可以看出外在動力對人生的影響，進而找到方法將這些因素轉化爲具有建設性。因而，他們對人生的無比複雜、世事的曲折難料，以及社會和歷史潮流如何雕塑人生形狀等，都抱持一種敬畏之心。他們承認自己內在成長的需求，同時也會欣賞別人的成就，兩股體認共同滋長了謙卑和自信，成爲創意有成之士的特點。

達德利・赫胥巴赫（Dudley Herschbach）曾是史丹佛大學的美式足球隊員，後來贏得諾貝爾化學獎，他貼切地表達出這份沉穩自信和謙卑之道。他曾經說過：「眞正的科學有個其他學門沒有的優點，因爲你所追求的東西（就稱爲眞理吧），會在你迷失之際，留在原地耐心等候。」他指出，一次次面對自然的探索，謙卑之心總是油然而生。他說道：「自然使用許多語言，而且全是你聽不懂的話，科學要做的事情就是破解這些語言。」他認爲，若是科學家有任何進展，「是因爲自然始終如一，而我們一直嘗試；並不是因爲我們特別聰明，而是因爲我們很固執。」在最優秀的學生身上，我們不斷看到了這種謙卑和決心。

音樂之旅

在一個溫暖的六月晚上，蒂雅・富勒（Tia Fuller）來到索尼錄音室，她發現有近七百人沿著大樓街道排隊。這位來自科羅拉多州的年輕薩克斯風手，當天已花了將近八小時排練第一張爵士樂專輯《治療空間》（*Healing Space*），但是她和這些聚集在曼哈頓街道上的人們一樣，都是來爲碧昂絲的全球巡迴演出樂團試鏡的。若是她能在這位國際知名的藍調節奏歌手的樂團裡贏得一席之地，她將加入旋風般的人生，夜復一夜在兩萬人面前演出。她的爵士音樂生涯才剛起步，無疑的能從這份經驗中獲益，讓她從中學習。在接下來越來越熱的日子裡，她還會回來三次，爲這位音樂天后和她的樂團試演，與許多其他想在這個女性樂團裡爭得一席之地的女樂手們摩肩接踵而過。

蒂雅從科羅拉多歐羅拉鎮（Aurora）一個音樂世家起步，開啓了這段旅程。她的父母都是音樂家和教師，他們家屋裡屋外常迴盪著科托尼（John Coltrane）、阿德利（Cannonball Adderley）和查理・帕克（Charlie Parker）的音樂。她的父母都是能彈能唱，她回憶道：「不管是在打掃房間或是烤肉聚餐，總是會不斷地播放音樂。」她三歲時開始學鋼琴，但是到了十三歲，有一天她坐在廚房的旋轉椅上時，突然宣布：「我要吹薩克斯風。」

多年以後，她看到自己童年這份宣示的錄影帶時，正好標示出自己無意中開啓的音樂之旅。念高中時，她確實在吹薩克斯風，但是生活卻在啦啦隊、儀隊、社交活動和功課之間，忙得團團轉而顯得零碎。她在學校表現不錯，但除了拿到好成績外，其實胸無大志，缺乏她日後所稱的「錘鍊後的主見」，不知道自己將來要做什麼事，成爲什麼樣的人。

高三時，蒂雅獲得亞特蘭大斯貝爾曼學院（Spelman College）的入學許可。她選擇了人文藝術學校，是因爲想要接受更廣泛的教育。不過，她一開始的重心還是「力求學業表現良好」，並沒有特別的目標或興趣。她坦言：「我最主要是爲了分數而念，除此之外別無所求。」

在斯貝爾曼學院，每個大一新生都要上爲期一年的非洲移民史，講述非洲先民遷徙世界各地的歷史，他們通常是以奴隸的身分被迫離開家園。這堂課向學生介紹歷史研究、加強自我意識，並且訓練寫作能力，每週至少要交一篇報告，老師會予以詳細的評論。蒂雅對於這段歷史越來越感興趣，但是她的寫作能力很有問題。最後，這堂課她拿了D。

她覺得自己徹底失敗了，但這項經驗卻成爲她受教育的重要轉折點。因爲這堂課是一整年，她還有一個學期的課要上，而且恐怕成績會更糟。所以，來年春天回學校後，她去找教授開口求助。她回憶說：「教授說我的寫作毫無章法，而且缺乏論據佐證。」

就在此刻，不尋常的事情發生了：蒂雅開始掌控自身的教育，承擔起自己寫作與學習上的責任。在朋友的幫助下，她認眞念書寫報告，組織論據並反覆推敲文句。她探索自己的思考，不斷問自己想說什麼，並且質疑每個思路背後的理由：在這裡，我的假設是什麼？我使用的是什麼樣的概念？若是把這一段搬來這裡如何？每次嘗試後，她便在宿舍裡尋求大家的意見。這一天，她喝著茶與我們分享道：「我很幸運，有很多朋友非常關心自己的工作，也非常樂意幫助我。」

在接下來的時光裡，蒂雅對於各式各樣的選修課越來越著迷，包括科學、數學、社會、人文、語言和藝術等。在心理學課上，她對於睡眠和潛意識的研究發生了興趣。在西方音樂課上，她學會了如何與自己喜歡的爵士樂整合，並且懂得不管探索哪種音樂，都有助於增進對音樂全面的了解。對於重大課題、主要概念與自己推理聯想的能力，她都產生了興趣。宿舍變成了研討會，大家積極熱烈地討論各項廣泛的議題。蒂雅對於修課越來越狂熱和著迷，時時帶著這份入迷的心情念書。她隨身攜帶字典、筆記本和螢光筆。這天她坐在紐澤西西奧林治市（West Orange），離愛迪生一百年前建立的實驗室不遠處，對我們說道：「當我念書的時候，我一定會做筆記，並思考事物之間的關聯。」

她不是臨時抱佛腳，而是長時間研讀，給自己時間去思考題目並提出問題，盡可能做廣泛的聯想。她說自己「經常會做關鍵詞彙的速記卡，然後反覆翻閱」，思索著每個字詞的意義和應用，「我會長時間反覆看一個東西，直到成為我的一部分為止。」她會做比較，並深入思考新事物是否挑戰了舊想法或認知。她常常和朋友們一道念書，他們會一遍又一遍地討論想法，也常常停下來質疑對方，來回做腦力激盪，直到掌握了一個新領域的詞彙為止。她和朋友們會試著擬出申論題，然後寫出回答大綱，即便預計考的是選擇題。對蒂雅來說，她準備的不只是考試而已，而是在探索想法訊息。她常常在不同的地點念書，她觀察道：「我常常能記起某個東西，是因為記得自己待在某個地方時曾經看過。」

她最大的熱情圍繞音樂而生，孩提時代想當薩克斯風演奏家的夢想日益成熟。在大一新鮮人的生活開始之前，她來到斯貝爾曼的校園參觀，結果遇見了詹寧斯（Joe Jennings），這位爵士音樂家和教育家成爲她的導師和「第二個父親」。在他的悉心指導下（他提出「許多非主觀的意見回饋」），蒂雅開始綻放成一名音樂家，全心渴望自己能有出色的演出。

她指出，當爵士樂「滲透進入潛意識」時，音樂的力量會更爲強大，而建立的肌理會變成身體永久的反射動作。蒂雅開始每天練習六、七個小時，並且著手做計劃，「我爲自己設定目標：十年、五年、一年、六個月、一個月、二週、一週與明天。」她每天晚上睡覺前，會花十分鐘在日記裡寫下計劃，精準規劃第二天。「我通常每天早上七點起床，到健身房做運動，然後沖澡穿衣去上課。」在課堂之間，她會練習和念書，「我試著過一種均衡的生活，花時間練習、上課、到圖書館、與朋友玩樂，但是每晚上床前我都會把一切規劃好。」她還規劃吃飯的時間，通常是一天三次，避免吃紅肉，並且一定有綠色蔬菜，「運動、練習、學習、與朋友見面等，都變成我的一種生活方式。」

如果她有一項大計劃，她會先想像自己完成了。她解釋說：「我會一直專心想像隧道盡頭的亮光，以及若成功了有何意義，這可以幫助我發展出一種定見。」一旦發展出定見後，她會善用手邊所有資源來完成。在大學時，她開始建立人脈關係，幫助她學習與成長。她加入國際爵士樂教育工作者協會（International Association of Jazz Educators）等專業組織，也有收集名片的習慣。星期五晚上六點後，她會帶著薩克斯風到當地的爵士樂俱樂部，等候機會登台做即興表演。平常深夜時，她偶爾也會溜到可以即興表演的地方。

大二時，她加入一個社團，強調仁愛禮智和信仰。她記得：「每個人都覺得這是姐妹會，但其實不只如此。」該社團以宗教為基礎，「但不一定是基督教」，會進行「一週儀式」，例如在一週內所有女孩們不開口講話，除非是討論功課。這些作法讓蒂雅獲得相當的慰藉，每天念聖經也帶來相似的效果。

然而，她在大學獲得的成功，即她所做到的深度學習，最主要是來自她的熱情，還有她以好奇心與內在動機來經營人生的能力。她從一個願景開始，掌控了自己的教育，發現自己想要成為哪種人，並培養出讓自己成長茁壯的良好習慣。她肯定地說：「這些必須成為生活型態的一部分。」

當蒂雅以優異成績畢業於斯貝爾曼學院時，她並沒有繼續求學的計劃，但是科羅拉多大學立刻收了她，讓她得以追求爵士樂教育碩士學位。當完成學位後，她搬到了紐約。

在父親節前的星期五，蒂雅已經爲了第一張專輯錄了一整天，後來她接到碧昂絲工作人員的一通電話，請她再回去試鏡一次。星期天時，她知道自己得到這份工作了。在接下來的時光裡，蒂雅以平常心看待與碧昂絲同台演出的經驗，認爲只是自我教育的拓展而已。她曾告訴記者：「我看著她的演出，將這份經驗當成學習做好帶領樂團的工作。」

好奇心對內在動機、深度學習和適應專長如此重要，有時候甚至可追溯到童年時代，有些人的好奇心出現又消失，有時候則又再度出現。你能夠重新燃起好奇心嗎？最近我見到了侄女，問她說：「妳現在做些什麼呢？」

「我在教天文。」她微笑答道。

3 如何管理自我

「正在思考的時候，如何思考自己的思考呢？」有一次我在一家喜愛的祕魯融合風餐廳裡，問了一位正在打工的大學生這個問題。她困惑著看著我，最後說道：「那樣就想得太多了。」一邊將盛著烤雞、芭蕉和米飯的盤子，放在我的桌上。然而，回答這個問題，對於成功度過大學生活以及追求創意人生，是必要的，會讓生活與思考比較井然有序，不至於雜亂無章。

若能了解自己如何思考與運作，便更能控制自己變成什麼樣的人；懂得自己的心智如何運作時，也能改善提升自身的能力。貝克在這方面是對的，有創意以及具批判思考的人們會與自己坦誠溝通，讓他們可以認識、掌控並改進自己的心智運作。在我們進行訪談時，可以不斷聽到這些極具創造力與生產力的人們，持續上演這種故事。

但是你比以前的學生有優勢，過去二十年來，研究人員已經發展出許多新方法，讓我們能夠看見自己，在本章中將會使用一些新分類，讓你以前所未有的方式來認識自己。貝克老師說與自己坦誠溝通，指的是了解自己如何運作，如何受到激發，念頭如何在腦海中浮現成形，對於線條、顏色、空間、時間、聲音如何反應等等。這類探索對你很有幫助，在本章中要超越這些方法，進一步探索你的心智如何運作。

大腦如何建構現實

在電影《楚門的世界》（*The Truman Show*）裡，金・凱瑞飾演一輩子都活在電視熱門實境秀的一個主人翁。因爲對其他事情一無所知，楚門不了解周遭所有的人都是演員，而自己居住的小島其實是一個精心打造的攝影棚，四周都是隱藏式攝影機，捕捉他的一舉一動，向全世界播送。這裡凸顯出一個重要的意義，我們可能是自己想法的禁臠（是頭腦裡面的囚犯），因爲所有事物的了解都要靠大腦；而要擺脫這種心理牢籠，關鍵便在於這些想法。

我們出生時，對於這個世界一無所知：沒有宗教信仰，不屬於任何黨派，沒有最喜歡的運動球隊或電影明星，也不知道如何開車；對於廣場、桌椅、栗子樹下生長的丁香花等等事物，完全沒有概念，甚至連半個字也不懂。但是，當觸摸到衣物、父母溫柔的撫摸、吸吮母親的乳汁和大千世界散發的氣味時，無數的聲光波動在我們周遭穿梭迴盪，讓我們五官有了各種感覺，這是因爲大腦試圖讓所有感官輸入獲得意義。穿著尿布的寶寶沒有字典，可以爲轟炸而來的訊號解碼，所以腦袋瓜裡那團一磅重的小東西，做了很了不起的事，注意到了「模式」的存在；我們的大腦就像一個小偵探，將線索拼湊在一起，建立了世界運作的模型。起初，這些模型相當簡單（如果我哭了，就有人餵我），但是隨著時間過去，模型變得更加複雜，漸漸地我們開始將聲音與物品和動作連結在一起。

更値得注意的是，從這個瘋狂的過程一開始，大腦便會利用建立的模型了解新的感官輸入，而且終其一生都是如此。所以，即使走進陌生的房間，也會有所了解認識。因爲當光線打在視網膜上面，或是在黑暗的地方摸索物體前進而刺激到手上的神經時，大腦都會瞬間檢索之前在其他時間和地點所創造的模型，讓我們馬上知道看到的或摸到的是「椅子」。若是缺乏這種模型，輕觸視網膜的光線將毫無意義。簡而言之，我們發展出這種近乎神奇的力量，以許久之前在某個地方建造的心理架構，來詮釋一個全新的狀況。

然而，運用之前的心智模型來解讀新事物的能力和習慣，也可能會變成自身的牢籠，困住你只用一種方式來觀看世界，尤其是對發生的事情不加以思考的話。第一章提到物理系學生拿到A的成績，卻還是對於運動觀念毫無頭緒，便是這種牢籠的極佳例子。他們靠日常經驗形成認知，覺得若是沒有施力就不會運動，施力停止時運動也會跟著停止。然而，物理學家長久以來便了解，若是物體開始運動後就會一直運動，除非施加某種力（如摩擦力）才會停止；所以，唯有在運動開始或停止時，才有必要施力，要讓物體持續運動則不必。這項認知的微妙差別，對於發射衛星、登陸月球，或是預測用繩子綁著球甩圈圈，然後放手後球飛出的方向時，便會造成巨大的差異。然而，這些學生的腦袋不讓他們探求不同的認知方式，導致大多數人都無法預測球到底會如何運動，即便教授們已當著他們的面示範過。

相似的過程限制了各學門的學習。歷史系學生發展出理所當然的觀點，認為歷史上每個社會都以相同一的套方式運作，學生試著將五世紀的希臘或二十世紀初期的美國放進他們爲自己世界創造的盒子裡，因而認定每個人都有相同的偏見、欲望、價值觀，或甚至是相同的社會風俗。他們無法了解不同時代人們的動機，認爲種族這種概念一直存在人類的想法中，例如古代的中國並沒有現代的種族觀念，但是有些學生認爲從中國文化對於異族的作風習俗的歧視，不啻於種族主義（而非是文化成見）。許多學生以爲基督徒慶祝耶誕節的方式與今日大都無異，並沒有考慮到不重視任何形式節日的清教徒。戰爭的概念也與時俱移，但是以現代詞彙思考的學生，對於解讀歷史上衝突起源時會遇到極大的困難。

我們會建構事實，然後利用建立的模型來了解新的感官輸入，否則無法轉用到不同的地方。我們常常無法質疑自己的模型，更不用說打造全新的模型，因爲我們有頑固（且通常會勝出）的習慣，將新的想法納進舊的盒子裡，結果發現自己關在門窗緊閉的漆黑之處。

要從思考的牢籠逃脫，必須了解大腦如何運作，以及如何建構事實。唯有如此，我們的想像力才能跳脫出禁錮，以不同的角度看待世界。然而，除非發現既有的模型無法解決問題，否則很難迸生這種想法，而這個時刻稱爲「期待落空」（expectation failures）：即大腦期待某個結果（由已建的模型所產生），然而卻發生了其他狀況，讓我們必須結束並重建認知，也許是讀到書裡一段撼動觀點的見解，引發我們質疑自己了解事物的方式；也許是老師提出問題，激發大家思辨。正如尼爾・泰森所言：「只要留心的話，人生充滿意外。」然而，我們很會避開那些對思考的挑戰，因此「期待落空」若要發揮影響與作用，通常必須要有令人震驚的衝擊力才行；當然，我們在模型不管用的時候，也要關心在意才行。

有些人（像那些物理系的學生）即使不斷面臨挑戰，仍然會牢牢捉住既有的模型不放。當課程結束後，教授發現學生並不懂得運動概念，於是找了一些學生回來當面示範。教授用繩子將球綁住，詢問學生，如果拉著繩子甩大圈圈，然後突然將繩子放開會發生什麼事，學生根據自己對運動概念的錯誤認知，做出完全錯誤的預測。接著教授當場進行實驗，讓學生親眼看到自己的預測錯誤了。可是，學生依然不承認錯誤，並重建自己對運動的概念想法。有些學生甚至費盡心機與教授爭辯，也不願面對自己的錯誤，並重新思考自己的模型。①

他們就是不夠關心，或捨不得拋棄舊有的心智模型。我教授一堂美國歷史課，有學生來上課的時候，對著他們認知的歷史抱持著幾乎是宗教般的信仰，當他們遇到證據顯示有不同的歷史時，就是無法正視與思考。相較上，在我們的訪談研究中，好的大學生對自身的教育極為關切，覺得這個世界有趣又迷人，在他們個人尋求自我心智成長的過程中，對於「發現」既期待又興奮。發現新的思考方式並不會困擾他們，而是覺得不同的概念很有意思，他們對於某些熟悉的事物處境能以全新的方式看待。一名維吉尼亞大學的學生這麼告訴我：「當我失敗的時候，我會學到東西。」

哪種學生會接受新的方式來看待世界呢？假設給一群年輕人三樣東西：一根蠟燭、一盒火柴和一些大頭釘，然後請他們用這些東西，想出一個方法把蠟燭立在厚紙板牆上燃燒。這個經典的問題答案很簡單，然而基於某個理由，答案並不容易想到（我稍後會解答）。要想出答案，需要能夠脫出常規思考。這是一個很好的測試，看誰能從期待落空中獲益。那麼，解出問題的人平均成績較高，或是主修某門學科嗎？他們有什麼共同點呢？

在西北大學凱洛格商學院（Kellogg Graduate School of Management）的研究人員發現，

大多數能夠很快解出問題的人都曾經在國外居住過，並且適應了當地的社會文化，②只有到國外旅行而沒有居住的人，似乎沒有幫助。看來，適應新的地方與文化，讓人們更能夠接受新的模型，對解決問題也會變得更有創意。這些人通常必須以不同的語言生活，適應當地人的用餐時間與食物，甚至找出當地使用何種插頭（如果有電的話），並學習各種與陌生人進退應對的方法。簡單來說，住在外國時，即使只是想安然度過平日的生活作息，就必須面對一連串期待落空的轟炸。

這表示在上大學之前，得搬到另一個國家居住嗎？不是的，這顯示了在了解任何事情前，需要經歷許多期待落空以及許多懷疑思量的機會。好的老師會幫忙創造這類挑戰，我們應該找出來，並且去上他們的課。我們也可以挑戰自己和朋友，反之亦然。在研究的過程中，常會聽到受訪對象談到自己結交各式各樣的朋友，激發自己做不同的思辨。西北大學的研究人員凱瑟琳・腓力普斯（Katherine Phillips）發現，僅僅是與來自不同社群的人一起做事，便能提升自己解決問題的能力，即使覺得這樣做不自在。③的確，若是能加以擁抱而非轉身逃跑的話，社交上的不自在反倒可能讓人適得其利，讓自己置身於能挑戰自我思考的環境裡。

在本書的訪談對象中，可發現相同的模式。我們的主角通常在各式各樣的文化中工作，在正常的生活模式之外擁有豐富的經驗。他們享受未知的挑戰，以及與不同人物交手的經驗。他們通常帶著赤子般的熱誠投入新的環境，勇於嘗試和體驗各種機會，讓感官衝擊挑戰現實的既有模型。

若是我們了解大腦如何建構眞實，便可以幫助引導過程；若能了解大腦利用哪些指令來解讀世界，便可以開始提出問題，掌握自己的思考，進而逃離既有模型爲我們打造的牢籠。當我們讓自身處於許多心智模型都失效的環境時，會更有能力去建造新的模型，讓認知與創造能力擴張延伸。我們可以運用期待落空的力量，刻意接觸那些讓我們或許覺得不自在、但是卻能激發我們更多創意的人們。要思考自身的思考，首先得正視自身既有模型的框架桎梏，才能了解如何逃離。

解決蠟燭問題的方法如下：將火柴倒出來，用大頭針將火柴盒釘在厚紙板牆上，把蠟燭放在上面，然後用火柴點燃就好了。

三種不同的腦

要認識自己的思考，需要認識頭蓋骨底下複雜的灰色組織。現在，神經學和心理學的研究帶來了認識自己的新方法，這些分類和概念是工具，促進我們和自己交談對話，提升效率和創造力。現在，我們利用這項科學研究的一些關鍵發現，來思考斯巴克腦、鱷魚腦和快樂腦這三種腦。

斯巴克腦建立心智模型並儲存（記住事情），再利用模型解釋新的感官輸入。斯巴克腦進行理解並做出決定，因此大而複雜，讓頭腦裡面那個細胞團的不同區域整合運作。

鱷魚腦是位在斯巴克腦的中央，看起來像杏仁般的一塊小組織。④范德比爾特醫學院（Vanderbilt Medical School）的神經醫學家諾頓（Jeanette Norden），這般解釋這塊組織的作用：「想像你活在很久很久以前，走著走著，突然眼角餘光瞥見有東西在移動，你轉過身看到一隻『有著大牙齒的大貓咪』。若是得利用正常運作的腦部（即斯巴克腦）來解讀這是一隻劍虎的話，你早已成爲它享用的大餐了。所以大腦需要第二套系統，反應更爲快速，可以刺激你對抗或逃跑，在一般大腦運作還沒理解出來之前，你早已逃跑了。」

第二套系統就是我稱的「鱷魚腦」，會啓動「對抗或逃跑」的反應，在驚險的情況下，可以幫上大忙。然而，正如諾頓的解釋：「腦部無法區分對身體或心理造成威脅的事物。」當感受到危險時，鱷魚腦會啓動一連串反應，使腎上腺釋放腎上腺皮質醇到身體裡。如果這種化合物分泌過多，會阻礙斯巴克腦形成記憶。這就是爲何在壓力極大的情況下，人們有時候甚至會想不起來自己的名字。

對於學生來說，這具有重要的負面效應。比如說，若是眞的很擔心考試，鱷魚腦可能會讓人無法好好思考。爲考試焦慮的人們，正是鱷魚腦失去控制所致。解救之道很簡單，當然就是放輕鬆了，不過了解箇中道理的話，可能會比較容易做到。有些學生告訴我，他們常做放鬆運動，有人說了解壓力根源之後，一旦覺得有壓力了，就會停下來，開始放鬆一下。有一個人表示：「考試的時候，若我開始緊張的話，我會花幾分鐘重新整理自己，這時間花得很値得。」對於有些人來說，了解自己再加上寬闊的視野，能讓一切有所不同。記得科爾伯特母親的忠告：「以永恆來看待片刻的失望。」或許眼前此刻很可怕，但擔心只會讓情況惡化而已。

讓我們回到斯巴克腦，腦袋瓜裡這部分讓我們得以記憶、理解與做決定等等，運作極為複雜。在此我們不必太深究神經學，但是至少需要知道這點。針對大腦運作的複雜性，哈佛大學的心理學家蘭格（Ellen Langer）提出一種分類，指斯巴克腦以「無心」（mindless）和「用心」（mindful）兩種方式運作。在第一種情況裡，大腦以自動的方式運作，例如走過同一條街道，或是解決類似的問題數百次了，那麼只要照著儲存的特定方式進行即可，無需刻意思考。⑤

一個用心的腦袋會注意，但不是光盯著某東西。如果說對某個想法、言語、事件或物體用心，表示意識到它，並且思考自己如何反應、產生好奇感，以及如何用心注意；在心裡將這個東西翻來覆去，尋找新方法加以了解，並思索因應之道；不斷創造與該事物相關的新分類，意識到可能有人會再創造新的分類來挑戰與抗衡；想像自己以嶄新的角度看見、利用、認識與比較；好奇有什麼不知道的事物，會阻礙自己的思考，例如沒注意到什麼？在不同的情況下，會如何了解或使用這個東西？我是不是錯認了這東西？別人會如何看待它？簡單說，「用心」代表有意識地深入思考。

從雪莉・卡夫卡和同學們所做的練習當中，我們可以看到這份用心。在每項練習中，他們用一種嶄新的觀點來看待平常的事物，例如從走過講台、一根樹枝、一顆石頭或一片葉子等等，思索著物體的旋律、線條、運動、形體以及聲音。他們思考一個空間，想像以全新的方式穿越空間。他們享受摸索把玩物體的新奇感，將線條形體擴大成旋律，最後從檢視中迸生一份特性與對話。最重要的是，他們注意到自己的心智如何運作、了解事物，以及如何從完全不同的方式與角度進行了解：他們學會了用心。

如果能了解用心或無心的意義，便可能重新調整掌控自己的思考。斯巴克腦會用這兩種模型運作，也許最用心的思考方式是注意自己正在用心，體認到用心與不用心的差別。蘭格注意用心思考的人們具有三項特徵：持續創造新分類、對新訊息保持開放、明白不只有一種觀點而已。當然，這意味用心的人會注意到新奇與獨特處，他們持續注意不同的脈絡與觀點，並且活在當下。蘭格寫道：「環環相扣，生生不息。」而無心思考的人會困陷在舊的分類當中，並未注意「新訊號」，只表現出一種觀點而已。她寫道：「無心，彷彿是處在自動飛行模式。」

不過，只要將絕對陳述轉換成條件陳述，也能變成用心的人。例如，假設老師指著一件物品說這**是**某個東東，若你悄悄翻譯成「這**可能**是某個東東」，那麼對自己的思考會產生不同的影響嗎？早年蘭格曾進行一項實驗，她給兩組學生一件物品，告訴一組學生說：「這是狗狗的磨牙玩具」，告訴另一組學生說：「這可能是狗狗的磨牙玩具」。⑥後來，兩組學生都需要橡皮擦，只有聽到「可能是」的學生想到用這個橡皮的「玩具」來當橡皮擦，另一組學生則完全沒有想到。

我們必須了解語言如何塑造思想，方可想像碰到的每件事物是否有其他的詞彙或分類。蘭格一再發現，光是改變與學生使用的話語，便可提高大家用心思考的程度。這意味著只要改變我們使用的語言與分類，所有人都擁有無窮的潛力，能改造這個世界與我們自身。「也許我都想錯了，這個問題是不是能從不同的角度看待呢？有沒有其他語言可以使用呢？」這讓大腦變得更具創意，也讓人生變得更加精彩有趣。

蘭格告訴一組高中物理的學生，要求他們看的一段影片「**只是**介紹物理學的**一項**展望，對解決問題可能有、也可能沒有幫助」。然後，她告訴這群學生：「利用任何想到的方法，來幫助解決問題。」接著，只告訴另一組學生在看完影片後，將內容應用到問題上。結果，第一組學生能更深入了解概念，解決問題的方法也更有想像力。雖然第二組有人抱怨影片的資料，但是第一組沒有，而且他們樂在其中。蘭格等人在實驗中一再發現，用心學習會產生樂趣，而盲目的方法會讓人覺得無聊。

即使是改變教科書的用語，也會造成不同。若是學生看到「可能」與「也許」的用語時，相較於沒有看到這些可能性詞語的學生，對問題的解答會更有想像力，也會更喜歡看書。在一般情況下，如果學生注意讀的東西有什麼新奇之處，想像故事有另外的結局，思索其他時代或地方的人們會如何看待相同段落時，他們通常會記得更多、更有樂趣，並且發展出更具創意的技巧。蘭格舉例，硬背人體器官名稱會是多麼無聊的事啊！但是，可以用玩遊戲的方式來記憶，試著將一位朋友拆開或組合起來，這樣就有趣多了。歷史也可以這樣做，史丹佛有位教授便要求學生以特定角色寫日記的方式，記錄德國歷史的發展。例如，她教學生想像：「一九〇〇年你由柏林的一位妓女生下，將會如何看待一九一四年一次大戰的爆發，以及一九二〇年代納粹和希特勒的崛起呢？」任何人都可以玩這類的遊戲，求新求變、採取新觀點、創造新類別，不斷以各種方式將生活切片觀看。

因循怠惰

相較於蘭格將思考分成用心與無心，另一名神經學家史坦維奇（Keith Stanovich）則將思考分爲自動與反思。例如，有沒有想過爲什麼有些聰明人會做一些蠢事呢？⑦史坦維奇說，這是因爲斯巴克腦不一定永遠都那麼斯巴克的緣故，他主張大腦往往很懶惰，老是會找最簡單的解決方法。因此，我們常使用自動思考，走好走的路，而不是思索新點子。我們會建立解決問題的小小規則，在遇到某些新問題時，便會不假思索地切換到這些方向。研究已經發現自動思考使用的一套規則，由於斯巴克腦要很努力才能走出這些陳規舊矩，所以「克敵知先」，讓我們先來了解吧！

己方偏差

人們往往會從自己的角度去思考，一些科學家稱這爲「己方」偏見或成見。例如，研究發現，當提出政治人物自相矛盾的談話時，人們會比較容易看出敵對政黨人士的虛僞不實；若是出自自己所支持的政黨，或許壓根看不出絲毫矛盾呢！魏思登（Drew

Westen）曾將美國共和黨和民主黨政治人物的政見拿給人們看，就有這樣的發現。⑧又例如，讓一群大學生對爭議性的公共政策（例如器官買賣合法化）進行辯論的話，學生都能做出一樣多的正反論述。但若辯論主題與切身相關的話（例如提高學費以分擔高等教育支出），他們就無法舉出太多違背自己想法的論點了。

己方偏差甚至會影響我們判斷自身偏見的能力。研究再三發現，大家都傾向於相信自己比別人更客觀，尤其是對方持反對意見時（當你看到己方偏差這段時，有沒有覺得不適用於自己呢？）。在現實中，我們都傾向於尋求證據、檢驗假設與評估手段，確認自己相信的事情，因爲這比尋求證明自己錯了更加容易。然而，檢視比對想法是否有自相矛盾之處，正是理性思考的根本之道啊！

史坦維奇和維斯特（Richard West）對於己方偏差的研究，提供了引人注目的證據。⑨他們編造一份報導，告訴幾百名美國人，有一款德國車造成的車禍死亡人數，是其他車款的八倍之多，然後問他們美國是否應該禁止該車款進口，結果將近八成的受訪者表示支持。然而，同樣數目的人們讀到一則眞實的報導，指有一款美國車造成的死亡人數是其他車款的八倍，但是只有半數的人認爲，德國政府禁止該款汽車進口是公平之舉。

鮮明偏差

每個人都會有鮮明偏差（vividness bias）。只要有一個鮮明搶眼的例子，就可以讓人忽略壓倒性的統計數據，或是當資料以生動的語言呈現時，會讓我們更加注意。這裡，人們一樣只避開用證據思考的艱困任務，蘭格或許會稱之爲「不用心」，史坦維奇則稱這種表現是「心思『省』長」（mental miser），用一道簡單的規則來保留腦部精力：若是事物明顯鮮明的話，就加以注意，而非用腦袋仔細思考。

例如，在二〇〇一年九月十一日世貿大樓的攻擊事件之後，美國的航空旅行比率出現下降，因爲越來越多人害怕飛行，改爲長途開車。然而，這個舉動並不明智，因爲汽車旅行比航空旅行危險多了。史坦維奇指出，許多人寧願開車而不願搭機旅行，結果「根據研究人員估計，在二〇〇一年事件發生後幾個月內，超過三百人因此死亡。」然而，我們身上隱藏的「認知『省』長」（cognitive miser），讓我們無法做計算，而以鮮活的語言爲主。

究竟哪個更糟糕呢？是讓一萬人的村落裡一千二百八十八人病死，還是每百人有二十四人死亡的疾病呢？當研究人員對華盛頓大學的學生提出這個問題時，大部分的人都說是前者，雖然實際上萬分之一千二百八十八的死亡率不是更低嗎？但是總數越大，會讓人印象越鮮明。賓州一項實驗發現，當大學生看到一個小女孩的照片，再聽到她悲慘處境的故事時，比起聽到三百萬尚比亞人和一千一百萬衣索比亞人面臨飢餓的威脅時，會更願意捐錢給兒童救助基金會（Save the Children Fund），因爲一個有血有肉的受害者比冰冷的統計數字更鮮活。若是告訴你，吃紅肉會提高罹患人類型牛海綿腦病變的機率，比起說會得到狂牛症更嚇人或更不嚇人呢？

有時候，個性也會影響什麼最鮮明。例如，告訴樂觀的人說他們在一千人中排名三百名，會比告訴他們在一百人中排名第三十名，讓他們更滿意自己；悲觀的人則有相反的反應，然而兩種排名其實都相同。

對於某些人來說，數字越大會比百分比越高更吸引人。幾年前，研究人員發現，學生喜歡一百次有九次中樂透的機會，甚於十次中一次的機率，雖然後者代表贏錢的機率更高呢！

包裝偏見

最後，問題的包裝遣詞可能會影響你的答案。例如，你贊成對年收入超過二十五萬美元的人降低稅率嗎？你可能會贊同這個提案，因爲你一向支持較低稅率的。但是，如果我問你應該對年收入低於二十五萬的人提高稅率的話，你可能會反對。然而，這兩個問題其實可能代表相同的政策。同樣地，我提議給房屋持有者減稅優惠，你可能會鼓掌歡迎，但要是我說史坦維奇指出這是「對租屋者的懲罰」，你可能會覺得太不公平了。如果我提出一個政策，呼籲全面減稅但不提高國債，你會支持背書嗎？但是我要是說這個提案會減少政府服務如獎學金等，你還會支持背書嗎？

又比如說，你在學校裡報名參加一項心理實驗，研究人員說會給你五十美元「獎金」，你的朋友也報名同一項研究，但他聽到的是自己會得到五十美元的「學費減免」。哪一個人最有可能立刻將錢花掉呢？答案是你。聽到自己會拿到「獎金」，表示你現在更有錢（更有能力消費），至於「減免」只代表回到先前的狀態（在繳學費之前），你並沒有多出來的錢，只是回到開始的狀況，而兩種說法卻有可能影響你的反應。

如果包裝具有這般強大的影響力，就意味著他人可以塑造你的思想。但是，如果學會思考自己的思考，便可以訓練自己的思維，找出己方偏差、鮮明偏差和包裝偏見的自然模式。良好的大學教育可以幫助我們做到這一點，也可以幫忙開發少見的新思考方式。在科學思考中，我們學習**尋找證據**來推翻前提假設，而不是只尋找支持自己想法的訊息。在統計研究中，你學習**以機率思考**。在歷史學和人類學中，你應該學習**發展出歷史性的觀點**，去了解時間所帶來的改變；也應該學會逃避自身時空所加諸的心理模型，以不同的模式了解另一個時代的另一種文化。在大學裡，每門學科都帶來一種思考方式，可以想想自己的思路。極富創意的人們會透過不同的學科來探索人生，看見相通之處。他們學習整合與用心思考，例如數學家會從舞蹈創作中看到背後的幾何學，而有創意的舞蹈家可以像優秀的數學家般思考，擴大身體律動的藝術性。

近年來，高等教育的老師們正思索著各科系的思考有何意義，如科學、歷史、社會學、管理、創意等等學門如何互相整合，創造出新方法來理解、欣賞、創造、做出理論和解決問題。教授們正在探索新的方法，來幫助學生思考自己的思考，應該找到這些教授與之談話，找出正進行這項工程的學校、科系院所與教授們；如果沒有的話，應該要求設立。

快樂的腦

也許最近神經科學最偉大的一項發現是，越發體認到人們也有一個快樂的腦，正如諾登指出：「我們天生是來享受世界的！」快樂的腦不是真的指頭蓋骨裡的一塊地方，而是一連串的聯繫反應，讓我們發現人生的快樂。本書受訪者反映出這種快樂，以及對未知的敬畏、對工作的熱忱，和對生命的陶醉。他們對於發現偉大的心靈作品，還有那些作品挑戰自我思考與創造力的方式，都會感到興奮激動。雖然有些人面對別人的成就可能會有所畏縮，甚至生出嫉妒之心，但是本書受訪者看到的是成長的機會，在面對他人工作帶來的挑戰時，發現了純粹的喜悅。他們開發這些潛在快樂的祕訣，部分原因在於享受這個過程，而非只在意終點；他們不再只注意結果，而是浸淫在創造的過程。另外部分原因在於他們眞的在享受自己的工作，而非視爲是一種必要之惡。不過，也許凝聚一切最大的動力是源自一項簡單的體認：從工作與人生中獲得樂趣不但有可能，而且是極有可能。一旦知道自己內在具有這種享受的能力，便可以尋找並打開開關，你將發現開關就在自己的內心裡，如貝克所說：「你帶到課堂的是自己以及想參加的欲望，至於在這裡能做什麼，正是這些來決定。」

種種研究都發現學習與樂趣之間的關聯。在實驗中，蘭格一再注意到用心時，人們不但學得更多，而且也會更加享受。另外，她也發現到框架會塑造人們對任何活動的反應。在一項著名的實驗中，她告訴一組人說他們要「工作」，又對另一組做同樣事情的人表示他們要「玩遊戲」。結果呢？「工作」的那組人心不在焉，又覺得很無聊，至於「遊戲」的那組學生對於相同的活動卻感到樂趣。卡恩斯（Mark Carnes）在巴納德學院（Barnard College）裡上的歷史課，也發現相似的模式，他發明了「巧妙設計的遊戲」，將場景「設在過去」，由學生扮演不同的角色，負責上課講解。這些遊戲改變了學生的興趣以及參與的情況，激發學生對於各種觀點有更深入的認識與了解。⑩我在教冷戰的歷史課上運用個案研究，讓學生做角色扮演與模擬，也發現了極為類似的結果。

如果包裝如此強大，這意味著當用心注意別人為我們打造的包裝時，我們可以逃脫那些箱子的桎梏，形成觀看世界的方式，讓我們享受自己的所作所為。我們可以在腦袋深處找到這些開關，並醞釀營造樂趣，我認為這正是本書受訪者努力做的事情。

學校很容易把課程都包裝得枯燥乏味。學業成績成爲外在動機，減少了內在樂趣。學生常常是爲了老師念書，而不是爲了自己，他們做「作業」，符合「規定」，而不是在追求自我目標。本書受訪者則超脫這種環境，他們思考本身的思考，並且重新建構組織世界。蒂雅・富勒每次都花幾小時練習音階，因爲她掌控自己想要做什麼，並且在過程中找到喜悅，這不是她「必須」爲別人做的事，而是她自己選擇這麼做。英國喜劇演員弗萊（Stephen Fry）的話迴盪耳際：學校無法毀掉「莎士比亞」，除非你自己「心智駑鈍」，也就是說你不會思考自己的思考，不了解自己掌有這些樂趣的開關。弗萊指出，聲稱學校毀了莎士比亞，就好比說因爲地理課有教過，「所以我不愛大峽谷或北英格蘭湖區」一樣，「莎士比亞是一道風景，它存在那兒，誰也無法毀掉。」⑪

偉大的老師對於本書許多受訪者的人生發揮巨大的影響，他們在好老師下受益匪淺，偶爾遇上壞老師時則煎熬度過，但是最終大家都成長茁壯了，因爲找到了自己內在那些快樂的按鈕，能夠掌控自己的思考，重新定義世界，並且力爭上游。

最近一系列的研究甚至發現，歡笑可以爲學習帶來巨大的差異。西北大學的比曼（Mark Beeman）等人請學生在嘗試解字謎之前，先看一段羅賓・威廉斯演出的喜劇，這些學生的表現，明顯比看其他內容爲「中性或會引發焦慮」的影片者更好。心理學家發現，正面的情緒有很大幫助，歡樂（與伴隨而來的享受）讓大腦準備好應付複雜的問題，尤其是讓人靈感湧現，能夠在心理的叢林迷宮裡殺出一條路來。[12]當我採訪高成就的人士時，他們輕鬆談笑與思考時展露的歡娛，讓我烙下深刻的印象。

社會如何影響思考

社會心理學提供另一個重要的方式來認識自己。如果我們屬於一個族群團體，而社會上對它普遍存在一種負面的社會刻板印象，光是那種刻板印象就足以影響個人的表現，**即便你本身拒絕這種刻板印象**。最後一句以粗體強調，因爲這正是社會心理學研究的重要發現。早在一九三〇年代時，克拉克（Kenneth Clark）已經證明，在接受「你那種人」的刻板印象時，其負面形象都會明顯影響自身的表現。例如，當大家普遍認爲你這種人的數學都不好，而你也接受說這種刻板印象是眞的，結果你猜怎麼回事？你眞的做不好數學呢！

但是最近由斯蒂爾（Claude Steele）和亞倫森（Joshua Aronson）領導的研究發現，更是超越了克拉克。[13]在一系列的實驗中，這些社會心理學家發現，你甚至不用接受「你這種人」的流行負面形象，它就會影響你。假若知道有一種流行的看法，認爲像你這種人數學都不好，即便你想好好做數學，但是心中存有「別人可能會以這種刻板印象看待我」的想法，多多少少都會產生干擾。當你越不自在時，鱷魚腦就越會進來攪局，讓腎上腺皮質分泌皮質醇到身體裡，使得斯巴克腦無法自動操作，更甭說用心思考了。身體會流更多汗，心臟也跳動得更快，害你的考試成績很難看。

像美國與許多國家，對於女性的高等數學能力、非裔美國人的學業表現能力，以及有時候對我這種南方人的智能高低，長期存在負面的刻板印象。如果妳是女性，光是存在的刻板印象便足以讓妳數學表現很差，除非了解到這種偏見不是自己能控制的。同樣的過程也會發生在知道有「頭腦簡單、四肢發達」這種刻板印象，又想要力圖證明自己的男性運動員身上。另外，幾乎每個領域的研究都發現，受刻板印象影響的情況普遍發生在美國非裔、拉丁美裔和原住民身上。在有種族之分的社會裡，往往會出現最糟糕和最廣泛的刻板印象。

由於社會上具有不計其數的正負面刻板印象，大多數人在一生中多少都會受到刻板印象所害。斯蒂爾發現，我們甚至可以無中生有，創造出威脅來。據我所知，沒有普遍認爲美國歐裔男性天生數學很差的想法，然而當斯蒂爾告訴一組歐裔背景的學生，表示亞裔人士的數學測驗成績通常比較優秀時，那些年輕人突然發現自己比較差，結果在社會心理學實驗室裡，這些「虛假」的刻板印象讓受害者像煮咖啡般咕嚕咕嚕冒出來了。他們的鱷魚腦像火山爆發，身體裡面的皮質醇全力噴射，只能舉旗投降了。⑭

對於所屬族群本身受到普遍負面刻板印象所苦的人來說，這個問題顯得特別嚴重。「如果你聰明的話，就不會這麼窮了」已變成一種刻板印象，認爲窮人都很笨，而研究發現這種形象會壓抑低收入家庭學生的表現。任何形式的種族詆毀反映出且延續了深沉醜陋的刻板印象，傷害了非裔、拉丁美裔和美國原住民，以及任何感到刺痛的人。關於宗教和聖戰的話語也具有同樣的效果，有時候一個人的言語會產生負面作用，科爾伯特想要改變口音，是有意義的。有時候，這些刺痛的傷口隱藏在記憶黑洞的深處，不斷反芻醞釀，在潛意識裡生悶氣，隨時準備在意想不到的時刻從暗處噴發。

當社會心理學家瑪格麗特・施（Margaret Shih）幾年前碰觸這個議題時，她提出了一個新問題。她思考著，我們的文化中有許多負面的鴿子籠，但是也有一些相當正面的東西。前面提到對於女性數學表現不佳的負面刻板印象，但是在美國也常會認爲亞洲人與美國亞裔人士天生具有某種神祕的數學能力。那麼對於美國亞裔女性呢？瑪格麗特發現，如果讓這類女性把自己當成是亞洲人，那麼她們做數學測驗的成績，會比只注意到自己女性身分時優秀。

她找來三個程度相當的小組，都是數學相關學科，以及表現優異的亞裔女性。換句話說，若是讓每組成員進行GRE數學測驗的話，相信每組出來的成績都應當相當。但是結果並沒有，原因是測驗前刻意做了一件事情，想引發正反面的社會刻板印象。實驗前，每位女性都要塡寫一份問卷，表面看起來很單純：姓名、地址、電話號碼等近十個項目。第一組回答了一個問題，用意在提醒自己的性別；第二組沒有這道問題，但是有一個項目提醒自己的族裔所屬。第三組的問卷上，則沒有上述兩道題目。你可能猜得中每組的表現情況，被提醒自己族裔的亞裔女性，明顯做得比另外兩組好，至於被提醒性別的那組女性，表現比沒有被提醒的那組稍微差些。⑮

若請你自我介紹一下，你可能會提到自己的興趣喜好，或是試著描述自己，但你也可能會說「我是南方人」或「我是法國人」之類的話。你可能會提到自己的族裔、性別、年齡和職業等訊息，換句話說，你會指出自己的屬別，而該屬別在你心裡便成爲「你是誰」的一部分。我們都會根據扮演的各種角色爲自己建立各種身分認同，但若自己的屬別承受某種醜陋的刻板印象時，往往會覺得被貶低，害怕其他人會用那種普遍的形象來看待自己，讓我們的認同開始動搖，有時甚至減損到一文不值。在潛意識裡，那些傷口可能會潰爛長膿，在考試等高壓情境下，恐怕會引發焦慮恐懼，甚至是恐慌。

然而，當你知道迎面而來的是什麼時，可以避免讓火車輾過你。如果學會欣賞自己獨具的特質與經驗，將可以維持自尊，讓你能駕馭火車頭，而不是呆呆被輾過。在某種意義上，這就是貝克告訴雪莉等學生要勇於自我對話時強調的信念，他在課堂上指出：「你們每個人都有自己的哲學觀、價值觀、人生壓力，與家庭背景。你來自某塊土地、某個家庭，有或無宗教背景。你出生在某個時間、某個房子和某個家庭裡，世界上沒有人會一樣。」你可以用別人做不到的方式來創造，而雪莉做的練習眞的有所幫助，讓她學會欣賞並重視自己。

了解自己能促成改變嗎？

在科羅拉多大學，一群男女學生在物理學導論上經歷了一件不尋常的事情。第一週上課進行書目介紹時，助教發給大家一份表格，上面列出人們最看重的東西，像是友誼親情或是獲取知識等等。助教請大家選出表格上最珍貴的東西，並回答後面一連串的問題，大家作答十五分鐘。三個星期之後，他們又以線上作業方式再選填一次，同樣以十五分鐘回答自己生命中最珍貴的事物。這些回答與物理完全無關，但是給大家機會明確指出生命中最重視的事物，以及圍繞這些價值觀所創造出的個人認同。

科羅拉多大學的物理系，就像全美各地的物理系一樣，通常女生的成績都比男生差，即便大家都是以相同的科學背景來到這裡。由於全美這種現象很普遍，二〇〇六年只有二十八％的物理博士學位授予女性，同樣的情況也出現在數學系、電腦科系與工程學系。在一般科學導論課上，男女學生在課堂測驗與標準概念評量上的表現，往往存在很大的差距。如果這種差距主要是衍生自刻板印象的威脅以及對個人認同的戕害（我認爲的確如此），那麼寫出個人價值觀的課題，或許能消除或減少這些差距。

果不其然，這種情況眞的發生在科羅拉多大學了。有兩組學生分別被要求寫出自己與他人最重視的事物，結果回答自己最重視事物的女學生，在課堂上的表現明顯提高，她們的成績平均提高一個等級。在學期終了時，所有的學生進行了一項不評分測驗，評量對於基本概念的了解。雖然不管在哪一組（寫出自己或他人的價值觀者），男生的了解仍然相同，但是得以表達自我價值觀的女生表現贏過每個人，包括同一組的男生。藉由這項書寫，她們肯定了自己最珍視的東西，擁抱了自己的自尊與價值。在理工科系裡刻板印象威脅環伺的惡劣環境下，她們掌握了迎向挑戰時必要的內在資源。

所有的學生都被問及是否同意以下的陳述：「根據我個人的信念，我認爲男性一般在物理學上的表現比女性更好。」對於強烈認同這種說法的女性，最能從自我價值肯定的書寫中獲益，至於同意這項陳述的男性，不管是屬於哪一組，基本上會比不同意的男性表現更差，顯然偏見在某種程度上也會有害自大者的表現。⑯

自省、關愛與好奇心的人生

一年的除夕夜，瑪麗·安·霍普金斯（Mary Ann Hopkins）花了大半天，在紐約時代廣場接受記者訪問，擺出各種姿勢拍照，盡力配合記者的要求。接近午夜時分，她來到廣場南端的紐約時報大樓，搭乘電梯到達屋頂，按鈕讓那舉世矚目的水晶球降落，象徵了新年的到來。她來到這個歡樂場合的旅程，源自於十歲。

瑪麗．安和妹妹在波士頓的郊區長大，就讀一所私立學校。她坐在曼哈頓一家餐廳對記者說道：「成長中最讓我印象深刻的是對世界好奇的氛圍，嘗試學習新的文化，去波士頓的科學博物館學習青蛙的知識，或是到美術博物館裡看震教徒（Shakers）或印第安人的作品。」她的房子裡塞滿書籍和藝術品，當家人一起去度假時，不是到海邊衝浪遊玩，而是去找海膽，學習潮汐或海膽的知識。相較於同學們到鱈魚角避暑，或是到異國滑雪度假，瑪麗．安和妹妹則是將假期花在學習藝術或科學上。她表示：「我長大時想著，所謂的放鬆就是在漫長的道路上探索新事物，我的童年眞是多采多姿極了。」

瑪麗．安喜歡東奔西跑靜不下來，很容易投入手邊正在做的事情，吃晚餐時常常遲到，一個朋友對她媽媽說：「她成不了大事，進不了好大學。」她和妹妹在院子裡建造想像的村落，爲這些小房子編造歷史故事，然後按照上演的戲碼來裝扮，演出自己編造的故事。在屋子裡，她用枕頭搭造房間，想像自己有終一日成爲建築師，設計「有一百萬個房間的搞怪房子」。

她對事物的運作道理極感興趣，有一次和爸爸將一台電視拆開又裝回去，還有一次對家裡一台老爺車也如法炮製。她表示：「我的爸爸是一名外科醫生，他對於機器或修補建造之類的事情沒有特別的興趣，但是我們都很想知道東西是如何運作的。」她對於「數學之美與邏輯」也十分著迷，還喜歡做功課。若是遇到問題，她會去問爸爸，爸爸都會叫她自己先解釋，「在向他解釋的同時，我自己也想通了。」她自己看《世界工藝百科全書》，（*World Craft Encyclopedia*）學會了編織、鉤針和縫紉，也會做陶瓷器，以及其他「機械、有創造性的東西」。她愛看書，十一歲時發現了推理作家克莉斯蒂，一年內讀完全部八十一部作品，她解釋說：「我迷上這些作品中的邏輯和謎題，以及最後的水落石出、眞相大白。」高中時，她研讀赫胥黎、布萊伯利（Ray Bradbury）、史坦貝克（John Steinbeek）和沙林傑（J. D. Salinger），她讀麥克利什（Archibald MacLeish）和各種喜歡引用聖經典故書寫的作品，她想知道更多這方面的故事，「所以我加入了查經班，以爲是來學文學的，誰知道他們問我的第一件事是『耶穌對妳有何意義』。」

在高中時，她修高等數學與科學課，因爲她對修辭寫作一向不在行，學校要求她上英文補救教學。在一堂創意寫作課上，老師曾給她一個D，害她覺得自己不行了。然而，她繼續看書讀書，在大學時將讀書之樂當成一種儀式，每天晚上臨睡前必定來上一回，「現在我還這麼做，有時候是爲了催眠，一段赫塞就讓我像一盞燈熄滅了，因爲他實在太無聊。」對於瑪麗．安來說，這種臨睡前的儀式成爲一種方式，「讓我睡覺前清空腦袋，將我必須爲課堂做的一切全部清乾淨，帶我到另一個世界，幾乎像做夢般。」

在瑪麗．安和妹妹長大的世界裡，青少女時期在夏天不是到歐洲各地漫遊，便是在蔚藍海岸做日光浴，幾乎是有如成年禮儀式般必經之路。然而，她的父母希望女兒們歷練人世，希望她們學習科學自然，認識地球的美麗善良與醜陋貧窮的一面。最重要的是，希望她們發展出責任感和回饋心，於是旅遊成爲達成這些的一種手段。

當瑪麗．安剛滿十一歲時，父母帶著兩個女兒到埃及。她記憶中這是「文化衝擊，因爲遇到許多可憐的孩子在街頭乞討」（幾年前她回到埃及時，這些景況已經消失了）。接下來幾年當中，她與家人繼續到世界各地旅行，包括希臘、埃及、祕魯、墨西哥等。剛滿十六歲時，她與地球觀察探險隊到哥斯大黎加，與科學家住在一起，幫忙採集昆蟲、植物、蛇類等樣本做研究。這是她人生第一次，一個人生活在異國文化中，她憶及：「那時候我根本不知道怎麼自己編頭髮，結果從首都到工作站六個小時的柏油路加上四個小時的泥土路到叢林裡的時間，我根本不知道如何打發。」她在那裡住了一個月，整個人開心極了，但是患了「終生對螞蟻的恐懼和憎恨。我在洗澡時碰過大狼蛛，久了我還能忍受，唯獨那些超大隻的螞蟻眞的讓我很困擾」。

第二年夏天，她住在英國約克，在一處古老的圍城裡幫忙考古挖掘。大一那年暑假的經歷，強烈影響她對未來的職業選擇，那時她的母親安排讓兩名女兒到印度的一個偏遠村莊，幫忙照管一家孤兒院，「三個月來我們遠離城市，待在一個沒人聽過的小鎮上。」那年夏天，兩個女孩與有特殊需求的小孩住在一起，他們營養不良、患有疾病或智障。瑪麗·安向來不會嬌滴滴怕見血，所以孤兒院派她帶小朋友到醫院看病。

有一天，她和妹妹帶著一名染有傷寒的十三歲女孩到醫院就診，半路上這個孩子就死於敗血症了。多年後瑪麗·安對記者提起這段往事：「他們切開血管時，發現她體內沒有血，她看上去一片死白。」當女孩死後，瑪麗·安和妹妹坐著人力車，抱著屍體帶回孤兒院。她對記者說道：「遇上一個小孩這麼死去，眞是令人心痛不已。我很久不去想了，我常常將創痛的事情排除在腦海外，否則可能永遠不會再回去了。」

不過她還是回去了，不只一次，而是兩次。大二時，她和妹妹又回到印度的孤兒院，隔年她們去索馬利亞做類似的工作，那些年的夏天讓她留下難以磨滅的印象。

當瑪麗・安決定要念哪間大學時，最主要是受到家庭的影響。她的叔伯阿姨、父母與祖父母全都畢業於哈佛，而且這是一家「本地學校」。起初，她以爲會去哈佛念數學，結果卻轉了個彎，鑽進拉丁文與古典文學的迴廊裡。她回憶道：「拉丁文很像數學，詩文的韻律結構具有天生的美感與邏輯，讓我想起了阿姆（Eminem）和杜派克（Tupak）的饒舌歌，富有相同的內韻組織。」她也喜歡拉丁文的美，「高中時像機器翻譯是一回事，但是當見識到這些文字的優美與巧妙組合時，又是另外一回事了」。

在高中時，她參加演講社與話劇社，又幫忙「物理老師的太太」爲學校戲劇表演製作戲服，「我會縫紉，所以算是相當簡單。」在哈佛念大一時，她還修戲劇設計研討課，接下來的大學歲月裡，她和另一個「後來死於愛滋病」的朋友一起在劇場工作，每年爲一、兩齣戲設計布景燈光。「一旦開始進入劇場技術的世界，就會變得炙手可熱。」她記得：「我總是在設計或布置燈光場景，要不然就是做戲服。有一個學期，我多修一門課，又做了三場戲，眞是瘋狂！」

最後一年在哈佛時，她迷上了古希臘的醫藥之神阿斯克勒庇俄斯（Asclepius），很好奇古代人如何看待神祇與醫藥的關係，以此作爲學士論文的題目。後來，她到英國劍橋大學，想要和鑽研古代醫學的歷史名家勞埃德（Geoffrey Ernest Richard Lloyd）做研究。但是她沒有跟這位老師，最後以探討古希臘宗教和理性醫學關係的碩士論文畢業。瑪麗・安認爲，希臘人長久以來都將疾病治療歸諸神祇，但是到了西元前第五、第四世紀時，發展出更多合理的解釋。這種思想上的轉變讓她深感好奇，不免於問：「爲何此時此刻會發生轉變，不再將一切病症治療歸諸神祇呢？」

然而，完成碩士學位打算攻讀博士時，她覺得自己的研究越來越沒有意義又疏離，一個念頭不停地糾纏著她：「我想回去印度生活。」許久之後，她解釋道：「我意識到若自己繼續鑽研古代醫學，就是陷入邊緣游走，越來越像與世隔離的人了。」

「我的父母是道德高尚的人士。他們送妹妹和我到印度，希望我們在世有所貢獻，而我也想回去。」她告訴自己，印度急需「基礎教育建設，訓練醫生等專家」。瑪麗・安想幫忙建立基礎，她知道自己需要去上醫學院，學習公共衛生，於是回到哈佛，選修有機化學。自從大學物理課拿過一次B⁻之後，她已經沒有碰過有關科學的課程了，但是秉持著新的奉獻精神和目的，她以班上第二高分的優異成績，通過有機化學課。在完成醫學預科的課程後，她進入哈佛醫學院，在第四年時愛上了手術，而多年來縫縫補補的經驗，正好訓練她那靈巧的雙手。

經過四年醫學院的訓練後，除了完成四年住院醫生的資歷，常常還要再花兩年時間，跟著專科主治醫生學習。這是一條漫長而艱巨的道路，在整個過程當中，瑪麗·安意識到自己離原先要回去印度的目標越來越遠了，老是花時間在想到哪裡開業的事情。於是，她第一次自告奮勇為無國界醫生組織當志工，往後的歲月裡她一次次地出任務，有時候一年有幾星期的時間到世界上沒有現代醫療的偏遠地區服務；有時候，住在戰火蹂躪的地方工作，幫衝突前線的傷患開刀，甚至是接生寶寶。

當無國界醫生組織獲得諾貝爾和平獎時，時代廣場商業促進會邀請該組織來為新年水晶球降落的儀式按鈕，該組織又推派瑪麗·安作為代表，將她送到時代廣場大樓的頂樓。在這個場合上，她沒有時間為自己多想，然而一輩子養成的反省習慣不曾須臾脫離。不管是她與記者談話，或是數年後我與她訪談時，都可以從她身上發現相同的反省習慣。

像本書其他受訪者一樣，她將自己的思考模式從箱子取出來，仔細檢視一番。她清楚自己對於這個世界、自身行爲舉止與經歷所建構的種種概念，並且用心重新審視。她明白這個世界以及我們對世界的看法，都是從思考建構而來，全都可受檢視與質疑；她可以利用，也可以重新設計自己生命中的獨特之處，因爲她曾用心思考與感受。

在大學時，瑪麗・安探索了藝術、舞台設計、燈光和服裝。後來到紐約大學醫學院擔任教授時，也帶入同樣的創新精神和奉獻，充分利用豐富的媒介和先進的電腦科技，幫助改革外科醫學教育。在此過程中，她重新界定教學和學習的共通模式，甚至是「教授」的定義，摒棄她認爲沒有意義的陳腐觀念。以前念書時，有指導老師曾督促她專心研究，避免教學工作。他肯定地說：「研究才是學術工作，教書不算！」不過，瑪麗・安大呼：「感謝老天，我沒理他。」她發展出一項電腦程式，讓外科手術的學生在觀摩或實習前，能夠先用電腦來探索與體驗過程。

她承認，在世界遙遠的角落奉獻所學時，「必須克服語言障礙和文化障礙，處理各式各樣實際的問題。在面臨巨大的語言和文化障礙時，光是要表現同情關懷，幾乎就要耗盡力氣與創意。你必須剝去所有外衣，表現最深處的自己。」

她承認這項工作「讓自己感覺很棒！當妹妹和我去印度時，我們感覺自己有盡到力了」。瑪麗・安發現了一個古老的祕密，就像那沙灘上漂亮的海膽化石，雖然有時被遺忘在生命幽暗的角落裡，但是現在她已能全心擁抱。她沉思道：「在我們的社會裡，無私眞的很困難。我在這裡擁有這麼多，但是當我出任務時，生活變得更簡單純淨。這不算無私，因爲感覺眞的很棒！」她又補充說：「無論是在這裡，或是在剛果爲一個語言不通、大腿受槍傷的女孩動手術時，我都需要人與人的接觸。」瑪麗・安省思過自己的感情需求與生活態度，她對自己有深入的了解，對爲人處世幫助極大。

4 如何學習擁抱失敗

我在學校的時候，法文被當了兩次，拉丁文的成績也不太好，最後勉強湊足了規定的外語學分。我得到的大部分意見，多是試圖幫忙提振我低迷的信心，一個好朋友安慰我：「你只要相信自己可以做得到就行了。」我的其他啦啦隊，則是用更宿命論的說法，例如一個德州薩摩爾（Seymour）來的瘦子朋友就挑明講：「有些人有語言天分，有些人則沒有。」另外，還有一些人叫我再用功一點就行了。在期間，我的情感和理智則經歷過一連串循環，起初我把法文學不會的責任歸咎於老師，因爲他把我的座位安排在教室後頭，我連掛在他腰上的優等生鑰匙都看不清楚。後來，我將薩摩爾小子的話謹記在心，認定自己不是學法文的料。

在大夥七嘴八舌的建議安慰之下，最後我勉強低空飛過。然而，我在法語上遇到的困難，差點成爲失敗的起點，挫折甚至可能讓我變得不在乎任何學習，或是將我學不會外語的問題，擴大到所有做不好的事情上。

每個人或多或少都會遇上失敗，或許是被朋友拒絕了，或者是學習一項新語言，或是解決一道很難的代數問題等等；也許是粗心大意，沒有採取必要的行動，或是一意孤行而造成錯誤。本書每位受訪者都有一些失敗的故事可說，例如海登天文館主任尼爾．泰森，他最大的挫敗是德州大學將他逐出天文學博士班。另外，科學家的實驗可能會出錯，也有人碰到失業，像一位受訪者在接受訪問不久後就丟了工作。還有兩位受訪者，在談話一開始就坦承不諱：「我大一時就被當了。」然而，要打造一個創意的人生，並不是得避免一切失敗，而是取決於如何因應，尼爾等受訪者最後都從逆境反彈回來，像他最後在哥倫比亞大學完成博士學位，成爲天文物理學家與科普教育推動者。有人則是克服課堂或其他不順利的事情，學會了抵擋生命中不可避免的風暴。

他們是如何辦到的？過去二十五年來，社會科學家已經有了一些重要的看法，讓我們看到成功人士是如何克服挫敗。本書對於優異學生的訪談，當然也反映出這類研究的中心思想。研究所得到的圖像一方面很簡單，但又比給我勸告慰解的朋友想得更複雜。

從這份研究和我們所做的訪問中，一個最主要的想法是成功人士會承認自己的失敗，甚至擁抱失敗，從中探索學習。這聽來相當簡單，但是對於許多人來說，實際上卻非常困難，大家不太願意認錯，通常還會假裝沒有做錯什麼，甚至是走向極端，爲自己的行爲辯解。有時候，大家面對錯誤時會變得怯懦，或拒絕承認面對失敗有何價值。最近，我在賓州爲一所文科大學的老師舉辦研討會，有位英語教授甚至極力反對使用「失敗」這個詞。對她來說，失敗「太負面」，會讓人們分神而無法有積極的作爲，她無從想像本書受訪者如何面對失敗的過程。那麼，本書受訪者是如何學到坦承失敗的價值，而別人卻做不到呢？再者，爲什麼承認失敗會如此重要呢？

固定與靈活的人生觀

當喬念小學一年級時，他很喜歡學校，表現也很好。他學會識字算術與加減法，偶爾大家會稱讚他很聰明。不過，到小學六年級時，情況開始改變了。學校功課越來越難，七年級他的青春期開始了，父母告誡他在學校必須表現更好、更用功才行。「你的成績可以更好」、「你以前很聰明啊，現在怎麼了？」等話語，就像一首刺耳的歌曲不斷地在他耳邊播放。漸漸地，喬認定自己沒那麼聰明，也永遠不會是好學生。「我只是一個普通人罷了。」他對別人這麼說，想在平凡中尋求安慰，有時候無力感很重，每堂課只求及格而已。

喬的朋友凱洛琳在學校也表現得很出色，每個人都說她很聰明，她自己都深信不疑。父親總是強調說，她可以做到任何想做的事情，老師也說她是自己教過最聰明的學生之一。在念高中時，她有機會在當地的大學先修微積分，便毫不猶豫地報名了。

然而，這堂課非常困難。地點是在一間大教室，有超過兩百名學生選修，教授是一名上了年紀、頭髮灰白的女老師。她在一串像窗戶般可以拉上拉下的黑板上寫字，感覺不像在教書，倒像是受過馬戲團表演訓練的猴子。坐在教室後方的凱洛琳，勉強只看到白髮教授飛快地在「窗戶」上變出一堆數字圖表符號，然後又匆匆將板子往上拉，露出另一面板子繼續揮灑粉筆，立刻再變出一堆新的數字圖表符號。凱洛琳仔細抄寫筆記，以爲依樣畫葫蘆，便可以像教授一樣解微積分的題目了。

第一次考試時，她拿了四十三分。這是題組式問題，她覺得從沒見過，其實跟教授用的解題原理都相同，但因爲大家都將重點放在解題過程而非概念理解上，所以凱洛琳不知道運用同樣的概念即可解開類似的題目，她覺得自己失敗，遭到了背叛。當父母問她爲何成績那麼差時，她說老師太糟糕了，她不想回去上課，而當她最後回去上課時，成績也不見改善。第二次考試過後，她看到有學生以七、八十分的高分通過，覺得自己好丟臉。雖然大家都沒有從老師身上學到太多東西，但是至少在高中高等數學課上已經接觸過大多數的教材了。凱洛琳沒有這份餘裕，有些學生甚至拿到九十幾分，凱洛琳只有拿到四十八分，最後她被當掉了。

這場經驗後的幾個月，她變了樣。她告訴朋友說：「我數學沒那麼好。」而在心靈深處，這種感覺和念頭如影隨形揮之不去，她開始探索一種新的自我，也許那個「自我」並不如她原先所想的那麼聰明，也許那個自我無法做到每件事情，也許她應該保護自我，而她也眞的這麼做了。就像守護孩子的母親，她確定自己不會去做讓自己看來沒那麼聰明的事情。上大學時，她避開了自然科學和數學課。她向朋友打聽哪些老師最好過，然後告訴自己一定要擠入這些課堂。上大三時，她原本有機會跟到一名具有前驅貢獻的訪問教授做研究，但是她聽說他的課很難，於是打起退堂鼓，改修其他課了。

在大衛七年級的時候，老師建議他帶一些書回家利用暑假時看。她說：「等秋天回來後，我們會進行測驗。若你通過考試——我相信你行的，便可以去上資優班了。」

那年夏天，大衛經常想到老師給的書，但是大多數時候，他只是看到那些書堆在房間角落而已，因爲有太多事令他分心，有太多的朋友要見面。到暑假快結束時，他連一本書都還沒有看完。等到開學前兩星期，他開始擔心暑假浪費掉了，結果擔心到無法思考，也不敢思考。很快地，他學會將這件事拋諸腦後，告訴自己不管如何都可能無法通過考試了，因爲「我沒有那麼聰明」。他告訴自己，資優班是給眞正聰明的小孩念的，而自己並不是。

對於喬、凱洛琳、大衛以及數以百萬計的人們來說，智力是無法改變的東西。在他們心目中，人們不是天生有許多腦筋、極少腦筋，要不就是介於兩者之間，而所謂的「智力」將會決定學業與人生的成就。喬自我設限，認爲自己是一個普通的傢伙，意思就是說：「我知道自己幾斤幾兩，我日子過得去，但不是聰明人」。凱洛琳堅守自己是聰明女孩的形象，但是她害怕冒險，不願意嘗試任何會質疑這種形象的事情。而大衛的結論是，不管多少學習，都無法讓他增加天生的智力。

當德威克（Carol Dweck）剛從研究所畢業時，開始做固定智力概念的研究，以及爲什麼有些能力很強的人，會逃避有挑戰性的工作。這是一個重要的問題，因爲人生難免會有風險。想想看自己有什麼長期目標，可能涉及的風險，一路上會遇到的阻礙困難，甚至是失敗。有些人害怕犯錯的風險，遇到問題就龜縮，甚至連嘗試都不願意。

德威克在研究中發現到，她可以找到兩個能力不相上下的人，其中一人拒絕嘗試任何有挑戰性的事情，而另一人則追求著最難的目標；遇到挫折時，一人會低頭放棄，而另一人則越挫越勇；當遇到很難的事情時，一人覺得無助，另一人會繼續嘗試，縱使挑戰極爲艱巨棘手。德威克發現這兩者的身心能力並無差別，然而處理失敗的能力卻相差甚遠。還有一點也很重要，她發現有心做好事情的人，竟然會搬石頭砸自己的腳，做事情的方法幾乎保證不會成功。爲什麼呢？①

爲了找到答案，德威克和一名研究生迪納（Carol Diener）找了兩組兒童，大約都是十歲，給他們一串題目作答。前八道題需要仔細思考，但是對於這群年紀的孩子不會太難。然而，後面四道題非常困難，這群年紀的孩子無法絕對在規定的時間內完成。在前八道題中，兩組孩子統統完成了，表現也無差異。研究者請孩子們說說看如何解出問題，看起來大家都覺得很有趣。然而，開始做後面四道解不開的題目時，情況有了變化。

雖然沒有人可以解出問題，但是反應落差極大。A組學生開始說：「我解不開這些題目，我不夠厲害，不夠聰明，記憶力不好，我永遠都解不開這些題目，我可能會放棄，我覺得好無聊，這樣做很笨。」他們也開始轉移話題，吹噓自己家裡多有錢，有幾間房子或幾部汽車，告訴研究者自己其他事情很厲害，有些人甚至想改變題目規則，而不過就在幾分鐘前，這些孩童做著解得開的題目，還帶著熱忱、樂趣和信心呢！可是一面對失敗，他們就喪氣了。

然而，另外B組的孩子完全沒有出現這些情況。相反地，他們不停地告訴自己，只要更努力就能解決困難的問題。他們改變策略，談論自己要如何發現答案，不斷尋找更好的方法來達到目標。他們告訴研究者，「我之前做過，我可以再做一次。」一名孩子大喊「我確定已找到了」，雖然她並沒有成功。失敗並未困擾他們，相反地，他們甚至好像很喜歡困難的問題，一個小男孩宣布說：「我喜歡挑戰！」在找到一個錯誤的答案之後，他搓著手將椅子拉近，彷彿在說：「再來吧！」另一名同學在嘗試失敗後，抬起頭來望著研究者，快樂地說：「你知道，我本來就希望能學到一點東西。」

除了快樂與否，兩組學生還有其他差別。當A組的孩子遇到失敗時，他們開始使用非常差的策略。不過是幾分鐘前在做能力範圍的題目時，他們用了完美的解題方法，是同齡者中很會解決問題的學生所使用的思維。然而，此刻他們卻手足無措，德威克和迪納指出，第一組學生有將近三分之二的人開始像幼稚園小朋友般思考，不管嘗試多少次，都只會使用根本行不通的方法；當第一次出現失敗的跡象後，他們便不想再玩了。他們無法好好思考，或是做好先前做的事情，他們想要放棄，很確定自己解不開問題。同時間，B組學生快樂得像隻小鳥，願意不斷嘗試，並且有信心可以破解題目，雖然誰也沒成功，但是這些學生沒有人開始轉而使用很差的策略。

雖然兩組學童都沒有解決四道新問題，但這不是重點。德威克故意讓他們失敗，看看他們會如何反應。或許在眞實生活中，B組的孩子最後可能會解開困難的問題，因爲他們不斷嘗試，並繼續使用好的策略。然而，A組學生可能永遠無法解開難題，因爲一旦出現失敗的跡象，便會馬上將他們推向深淵，讓他們突然變成沒有能力的人，最終只能棄械投降了。

差別到底在哪裡?當然不是能力。兩組學生以相同的技巧，解出前八道適合年齡的題目，事實上第一組孩子可能在策略運用上還略勝一籌。那麼，爲什麼一遇上失敗，表現就全盤走樣呢?是興趣的關係嗎?不是，當孩子們神采飛揚地談論如何解出前八道題時，兩組學生都很明顯有興趣投入，但是當困難的題目出現，實驗者說「答錯」時，只有第一組的學生表現走調。

爲什麼呢?答案很簡單，卻有重大影響。A組對失敗反應極差的兒童，對於智力具有固定的看法，而B組的孩童則認爲努力可以增長智慧。對於第一組孩子來說，人們天生就具有一定程度的智力，無法改變。因爲希望自己是屬於聰明的小孩，他們不想要任何會質疑這點的事情發生，若是在這些笨問題上搞砸了，會讓他們和別人(師長、朋友、父母)在心裡提出質疑，也許自己不夠聰明。當聽到「錯」這個字眼時，他們就想要退出，不願意有絲毫機會讓人聯想到他們不如自己所想的那般聰明。他們想要看到自己眞的很聰明的證據，一旦錯誤越來越多，就會變得很緊張，思考也變得幼稚了。

相對上，另一組的孩子則認爲努力最重要。在他們心目中，智力不是某種一輩子固定的中心特質，而是不同能力的集合，任何一種能力只要適當的努力便能擴展進步。他們相信，如果一直嘗試努力的話，可以擴大自己的能力，沒有東西是不可改變的，因此他們不認爲失敗是自己很笨的象徵，而是把失敗當成自己還沒有學會而已。事實上，這兩組孩童有完全不同的目標，第一組的孩子想要「看起來很聰明」，第二組孩子只想要解決問題，因爲他們相信只要自己努力的話，就可以增進能力。

在孩子做題目之前，德威克和迪納先問他們在學校發生的一些事情。大致上，A組學生，也就是視智力爲固定、面對較困難的題目就表現走樣的學生，會將學業不佳大半歸咎於自己能力不足，第二組的學生則認爲失敗代表自己努力不夠。當實驗結束後，研究者問孩子爲何最後四道題解不出來，第一組有超過一半以上的學生說是因爲自己不夠聰明的關係，然而第二組沒有人舉出這點當理由。②

德威克等心理學家給這兩類學生很恰當的稱呼。她稱第一組學生爲「無助型」，因爲他們認爲是自己「不夠聰明」，所以做不到某件事情，或是不擅長比較難的科目，例如數學、音樂、藝術或外語等。或者，他們覺得自己算是聰明的人，並且相信智力是出生時就固定的東西，那麼這種學生通常也很容易有無助感，因爲害怕一旦失敗，會挑戰自己是「聰明人」的想法，反倒讓他們不敢嘗試新事物。

德威克表示，第二組的孩子有一種「精進」或「成長」的心態，因爲他們相信只要努力嘗試的話，自己的能力可以精進或成長。若是失敗，他們會找尋方法策略，而不是認定自己就是辦不到。成長型的學生比無助型的學生更聰明嗎？其實不然，德威克發現不管如何測量，有相當的證據指出兩組兒童天生的能力大致相同，有時候無助型的學生甚至更有解決這類問題的天分。不同之處在於，他們是否具有她所稱的「成長式心態」，精進型的學生認爲能力可以擴張，而無助型的學生則認爲能力是固定的。

在大小規模不等的實驗中，德威克等人發現成長式心態的力量。在一份針對紐約市十一到十二歲學生的著名研究中，他們發現相信智力能夠增長的孩子，在初中兩年內數學成績會進步，而那些認爲智力永遠固定的孩子，成績則維持相同。這項調查也證實了本書強調的重點，相信能力能夠增長的學生，對於努力抱持較正面的看法，對於學習更感興趣，而非只是想要獲得高分而已。他們花了時間努力求知，附帶得到更高的分數。③

無助型的學生是從哪裡得到「智力是固定而無法改變」的觀念呢？因爲他們活在一種不斷用這種觀念進行轟炸的文化當中，聲稱智力測驗會測量大家有多麼聰明。在德威克《心態致勝》(*Mindset*)這本很棒的書中，她提到曾有一位六年級的老師，將每個人按照智力測驗的成績來排名次，再按照名次爲學生安排座位，並且只讓「聰明的小孩」享有某些特權，例如舉旗子。有些大學教授，特別是某些領域的教授，相信唯有「天才」才能在該行業獲得成功，自己教得多好則無關緊要。有一個紐約大學的數學教授就曾經告訴過我：「聰明的孩子會懂的，但是笨的小孩就不會。」這種態度滲透到舉止言談間，學生便會感受到這項訊息。我們隨時都可以找到雜誌或網站，宣稱可以測量智商，並邀請大家「參加測試」，彷彿在秤體重般。

即使是出發點良好的老師家長，也可能會助長這種固定的觀點。長久以來都認爲正面回饋一定會有好的結果，但是最近的研究指出情況實際上更複雜。卡明斯(Melissa Kamins)發現，大多數得到針對個人特質讚美(「你眞聰明」)的孩童，比起聽到讚美個人努力的好話，通常會發展出智力固定的觀念。從小當家人不斷說自己如何聰明(或愚笨)時，孩子得到的訊息是：人生成敗是取決於智力高低，而非如何做事情，行或不行是不能改變的事實。總之，固定智力或成長心態，都是源於制約，而非天生的特質，④所以都是可以改變的。

你說：「等一下！我不是無助型的人，我覺得自己很聰明，而且我就是知道這點。」若你的態度如此，那麼值得爲你強大的自信心給予掌聲鼓勵，這對個人有好處，也沒什麼錯。但假若相信自己天生聰明，也認爲所有人都可以按照智力高低排名次，好比按照高矮順序排列一樣，而且不論多麼努力，都不會改變排名的話，那便是擁有智力固定的觀點了。若是認爲可以學習新的東西，但是無法改變基本的智力，那也是擁有固定心態了。另一方面，若是認爲不管天生能力高低，每個人都可以努力變得更好，不去嘗試的話，反倒會喪失能力，那麼便是擁有成長心態。正是這份成長心態，讓許多人從失敗中得到好處，如斯蒂芬·科爾伯特所說的：「擁抱炸彈！」

本書所有成功的受訪人士，正是展現出這份成長心態，他們的故事是三十年實證研究最鮮活的例子。尼爾·泰森強調：「我極少使用智力這個詞，我認爲人們可分爲想要學習、對學習充滿抱負志趣，或是排斥、拒絕學習兩種。」雪莉·卡夫卡這麼說道：「我相信大家都具有創造性，或者至少有這份潛力。」本書受訪者對於人性有基本的概念，他們願意冒險嘗試新事物，並不擔心犯錯或被當作笨蛋。他們不認爲自己是加入某種競賽，搶當「班上最聰明的孩子」，而是專注在發展自己的能力上。沒錯！他們想要盡全力發揮，也意識到自己有能力，不會太早放棄。

從幻滅到成功

夏季午後，酷熱籠罩著佛羅里達州東部沿岸，湯姆．斯普林格（Tom Springer）和兩名哥哥躺在地板上，聽著母親念故事。風扇攪動潮濕的空氣，呼呼聲響成為背景，伴著男孩們神遊到不同的時空。母親念的故事有《綠野仙蹤》及其他鮑姆（L. Frank Baum）的大草原生活故事，還有馬克．吐溫描寫密西西比河沿岸汽船時代的作品。到了週末，他們會一起去圖書館，帶回一堆書讓媽媽念給他們聽。但是，她從來沒有光是讀給他們聽而已，總是選擇可以讓孩子們開拓視野的文學作品，挑戰他們認識新的詞彙和想法，帶著他們探索新的地方和文化。

湯姆的母親關心孩子的興趣，若是注意到他們對什麼特別著迷，就會選擇他們最新感興趣的題材，細心選擇書籍來呵護培養，並挑戰孩子們的思考。當他們轉移到新的事物上，她也跟著轉換主題。曾經有一度，男孩們愛上了二次世界大戰的書籍，想要閱讀戰爭和政治的東西，結果讓湯姆對地理政治學有所了解認識，這份興趣並持續多年。

低年級時，湯姆就讀佛羅里達墨爾本的一所學校。由於附近卡納維拉爾角（Cape Canaveral）太空工業的影響，整個班上都感染到那份氣息。許多朋友的父母在NASA擔任工程師和科學家，他們確保孩子們的學校裡有最好的老師。這是一個令人興奮的地方，不遠處正展開登月競賽，湯姆和朋友們一起跟著探索科學、天文學，以及「種種好玩的事情」。從遊戲場上，他們看到火箭發射升空，釋放對天際無盡的遐想。他們覺得學校很有啓發性，也很好玩。

他的父母並不富裕，他解釋道：「我爸爸是理髮師，基本上我們是工人階級家庭。」然而，他們一起湊錢買了一台小型的業餘天文望遠鏡，可以用來探索夜空。有時候他們會和爸爸去海邊，爸爸手握釣竿走進浪潮中，他們則在岸上等待，順便挖小螃蟹做誘餌，撿拾海星玩耍，偶爾也會釣蝦。這些男孩們收集貝殼，還累積了一系列自然和大海的兒童圖書。湯姆回憶說：「這眞是非常豐富、感性的經驗。」

然而，四年級時，這個世界突然消失了。他們家從佛羅里達搬到密西根南部，那裡的生活和新學校並未爲他注入相同的活力。他提到：「這眞是一種文化衝擊啊！」學校步調沉緩，有的要求變少，有的又變多，充滿了瑣碎的規則和命令，讓他越來越感受不到對自我教育的掌控。學校對知性標準的要求較低，他感到無聊，從來不做作業，下課後也不念書。他的成績一落千丈，等到高中畢業時，已降到平均C⁻以下了。他回憶道：「那時候我已經變成無動於衷、胸無大志的學生了，後來我有許多教育是來自校外，我繼續念著著迷的東西。」

從高中畢業後，他找到了一份鋪柏油路的工作，這是季節性的工作，所以冬天時他就在一些工廠工作。有一天，老闆將他解僱了，因爲他在出勤卡上寫些自作聰明的臭屁話，還叫一位朋友幫忙打卡。後來，他找到空調技工的工作，和一個綽號「豬哥」的老菸槍一起幹活，但連這份工作也不保。一次次的失敗受挫後，他加入了國民自衛隊，退役後決定報名參加社區大學的空調技術課程，他的人生開始改變了，雖然碰到機械的課程，還是令他無計可施。

他提及：「我就是接不好那些管線，但是我得修一門大一的寫作課，結果改變了我的一生。」這堂課幫他喚回小時候住在佛羅里達州念故事書的所有記憶，他表現很好，寫作慢慢有了進步，開始讓人刮目相看。最後，他轉學到西密西根大學，拿了書卷獎，然後繼續到密西根州立大學念書，取得環保新聞所碩士學位。湯姆成爲一名成功的作家和電影製片人，作品開始出現在全國公共廣播電台，在密西根大學出版的一本書還獲獎。他到W・K・凱洛格基金會上班，成為資深編輯與專案經理，加入「學習創新團隊」，從事的計劃案是「讓兒童與大自然重新連結，刺激身心靈的成長」。

湯姆如何戰勝失敗並走向成功呢？到底該如何克服挫敗呢？上學讓他受教育，但是海明威、馬克・吐溫和鮑姆等等作家改變了他的生命，因為他從來不讓固定智力的觀念來束縛自己，甚至產生一種無助感。他對自己的能力抱持一種彈性、會擴增的看法，從來不認為失敗反映出自己的為人處事有所局限。平常時候，他從未想過自己「有無智力」做某件事情，只有他不去做或有時候不想做而已。另外，湯姆在空調技師的工作和一些課堂上轉來轉去後，讓他對於「很會念書」之外的種種能力深懷敬意，他這麼說道：「能夠蓋穀倉或造壁爐的人應該受到肯定尊敬，我就是很不會接管線，而比較會作文造句。」由於尊敬別人的工作與面對的挑戰，幫助他找到自己最在行的事情。他學會了尊敬建築師弗蘭克・萊特（Frank Lloyd Wright）所說的「雙手、頭腦和心智」各式各樣的工作，學會從獨特的經驗汲取養分，由身體化學定義自己的靈魂與專長，並重視用心努力，而不是執著於某種固定能力的概念上。

他說道：「如果壞事發生在我身上，我會想想看如何找到更多的力量，讓壞事不會再發生，有點『我要給你好看』的味道。」他體認到可以靠自己主導學習來獲取養分，因而熬夜念自己著迷的書籍。他會偷帶一本辛克萊．劉易斯（Sinclair Lewis）的《巴比特》（*Babbitt*）放在午餐盒裡，然後將書中人物與周圍遇到的老闆和豬哥等人做比對。重要的是，湯姆從未停止學習，更重要的是，他不認為壞成績代表失敗，而是反映出學校沒有辦法肯定與尊敬他的學習方式。最後，他找到方法來認識自己與人生，在尊敬自己的同時，也學會尊敬各行各業的人們。他從過去、從隨父兄一起享受大自然的互動中、還有從聆聽母親說故事的美好時光裡吸取養分，他回憶道：「那些好作家的聲音，一直在我的腦海裡迴盪呢！」

在一個關鍵時刻，他學會了將出於好奇心的學習與閱讀，轉換成學業表現上的成功，兩者結合，成就了成功的新工作，這些都是以獨特的方式成長。老師（尤其是寫作老師）給他機會，對他的寫作表達興趣，也尊重他做的事情。老師挑戰他找到自己的聲音，加以淬煉提升，改進自己的作品。顯然，他從未放棄對自己完全的尊重，即使是在對課業漠不關心的黑暗歲月，但那失落的片段是因為沒有人可以欣賞他的作品，並教他如何茁壯成長。他在卡拉馬祖谷社區學院（Kalamazoo Valley Community College）裡找到這樣的老師，他發現了歡迎大家來挑戰的有趣世界。

功過歸屬

還有一個更重要的因素往往會帶領人們走向成功，這點也可能影響了湯姆。有越來越多的研究發現，人們歸因成功和失敗的方式，對於成就和缺點具有相當的影響。想想看，當一件事情出錯了，會責怪誰或什麼事情呢？當事事順心的時候，又覺得誰或什麼東西該得到功勞呢？

例如，可將成功或挫敗歸因爲自己的關係，或是某種外在作用力；可以認定只是暫時的狀況，或是永久的事情；可以相信自己具有相當的影響力，或是完全沒有。全部的組合總共有八種，從「這是我身上永遠固定的東西，我無法控制」，一直到「這是別人的錯，但是我可以改變」。再者，任何一種組合都可以用來解釋成功或失敗，皆由自己決定如何組合，以形塑自己處理挫敗的程度。⑤

例如，如果通常將失敗怪罪於自己無法改變的本質（「微積分被當掉，是因爲我數學很差的關係」），可能會覺得自己對這種事情無能爲力，於是放棄不再嘗試。結果猜怎麼著？你的微積分永遠不會過。相對的，如果你說的是「我覺得我沒有使用最好的方法，如果找家教中心幫忙，我可以做得更好」，那麼你雖然還是相信是自己而非別人的緣故，但是只要正確的努力，數學能力還是可以進步的。用這種方式解釋自己的挫敗，最可能會一直嘗試，直到獲得成功爲止。

如何解釋自己的成功，也很重要。在下面兩種方式中，哪個最有可能激勵你，帶來好的結果呢？

> 上次考試，我只是很幸運而已。所有的問題我都會，但是我的數學還是很不好。

> 我和朋友一起念書，我們討論過各類問題，直到徹底了解概念為止，這就是我們在那次考試都表現得很好的原因。

在第一種情況中，將成功歸結到外在的東西（運氣），那是暫時的，自己也無法控制。在第二種情況中，將功勞歸屬於自己所做的事情上（努力），雖然是暫時的，但在個人具有相當大的掌控力。在第一種情況中，找不到太多的激勵，因爲如果都是運氣的話，那幹麼嘗試呢？但是在第二種情況中，大家都可以找到激勵。

在一般情況下，能夠成功面對失敗的人，會承擔起功成起落的責任，知道得失容易變化，因爲成功可能消失不見，而阻礙也是可以克服的。數年前，史丹佛大學的心理學家班杜拉（Albert Bandura）觀察人們如何嘗試學習捉蛇。他注意到如果要妥善使用技巧，捉蛇的學生需要學習正確的步驟，但是也必須相信自己能夠做到。他將信念和能力的有力組合稱爲「自我效能」（self-efficacy），⑥也就是說，必須知道如何做一件事情，同時也必須相信自己做得到；而能夠克服失敗的人們，便是擁有很強的自我效能感。

最優秀的學生都具有這種觀點，對智力抱持彈性擴張的看法，適當歸因自己的成敗之道，並維持自我效能感。這是怎麼培養出來的呢？貝克老師督促學生使用一種很有用的方法，就是與自己對話，了解自己的動力何在。貝克老師指出，對智力和能力抱持靈活彈性的觀點，是成功人士處理失敗的根基，讓他們能夠有效歸因成敗，除了認眞工作，更能開發新能力，也相信自己能善加利用。

貝克老師的想法脫離了智力是否終生固定或可以擴張的爭論，本書大部分受訪者也採取相同的路線。一般用來討論「智力」的比喻，可以清楚呈現這裡強調的差異。從前對智力採取僵化的觀點，將智力比喻成梯子，人們出生就固定在上面，分布在不同的階梯上。德威克採取彈性的觀點，仍然是以梯子思考，但相信人們能夠往上爬。貝克老師的想法則別有不同，將智力發展比喻成一棵樹，有數不清的分支，這種比喻也是受訪者中最常聽到的說法。在這裡，每個枝椏分叉都是獨一無二，人們的目標不再是瘋狂地競相往「能力之梯」上爬，而是每個獨特個體培育內在獨具的觀點。在這棵樹中，各部分互相滋養，每個分枝沒有好壞差別，只是不同而已，都有潛能以別樹一幟的方式成長。然而，這並不代表沒有標準，只是說人們力求達成標準，但不是與他人競賽，而是以不同的方式成長茁壯。

從以前的角度來看，人們會發展出一種心理學家稱之爲「條件式自我價值」，就是認爲個人的價值取決於排名，或是爬到哪一階而定。卡明斯研究發現，當孩童不斷獲得針對個人的讚美或批評時，容易出現這種想法，他們建立了固定智力的觀念——縱使獲得全部正面的回饋。若相信一個人的價值取決於表現好壞，也認爲命運已經決定個人的能力極限，那麼麻煩便已等在前頭，這些想法將會影響你對失敗的反應。⑦

如果抱持這種條件式自我價值觀，對自己的態度取決於與他人相較是成是敗時，那麼可能會停止嘗試，因為潛意識裡已認定，避免失敗最好的辦法是退出遊戲。如果參加的話，可能會輕言放棄，退縮到像喬、大衛和卡洛琳一樣的行為，甚至會自毀長城，搞砸了「贏」的機會，因為你相當確信自己最終會失敗。你可能會想退縮，給自己一個藉口（「我沒有真的去試」），以避免嘗到失敗的苦果。然而我們一再看到，真正優秀的學生摒棄互相比較的想法，反倒更能蓬勃發展。他們關注自己的內在，了解是什麼在吸引自己，並專心**做事**，而不是只關心排名或面子問題。

我問每一個受訪對象：「你有競爭心嗎？」他們都回答：「是的，但是與我自己比賽，而不是與其他人做比較。」這個答案對於他們的成功，佔有一個重要的因素。對他們來說，就像是諾倫研究中的任務導向型學生，人生就是讓自己變得更好，而不只是和別人贏了競賽。其學習本質中具有一種更深沉的意圖，與趣熱忱成為內在動機，反映出他們的成長心態。

貝克老師提供了新的詞彙讓學生思考。這些詞彙是根據人生都會經歷的五官感覺而來（線條、聲音、空間、形體和顏色），雖然受訪者中有些人沒有上過他的課，但是仍然以這種語言和概念向前。更重要的是這些深度學習、高生產力的人們在運用這些分類時，所根植的一種觀點：他們相信人會成長，不但尋求自己內心，同時也注意別人的創作成果，爲自我發展尋求養分。他們擁抱「失敗」，認爲這是學習的大好機會，而非對自我價值的評量。

終身學習

剛從康乃爾大學畢業後，那年九月傑夫・霍金斯拿起當期一份《美國科學人》（*Scientific American*）雜誌，這是這位剛起步的科學家和工程師持續數年的習慣了。每年秋天，這本雜誌都會經營一個主題，那年的內容以大腦爲主。自從傑夫在上大學前提出人生四個大哉問之後，他對於人類心智一直很有興趣，但是其中有篇文章特別吸引他的目光，從此改變了他的一生。

在這篇文章裡，ＤＮＡ發現人克里克（Francis Crick）寫道，雖然我們對於大腦這個器官的生理機制已經多所了解，但是對於腦部的運作之道卻缺乏一般的理論。這種說法有如閃電般擊中傑夫，他回憶說：「在看完那篇文章後，我滿腦子專心想著這輩子我們會找出來腦部的運作道理，我自己想要投身研究這個問題。」於是，他找到了「我要研究大腦！」的人生目標了。

傑夫一邊專心想研究腦袋裡那三磅重的細胞團，同時也找到了在英特爾當工程師的工作，先是在奧勒岡州的辦公室，後來搬到波士頓，離女朋友近一點。起初，這位年輕的工程師覺得自己的工作和想了解腦部運作的興趣之間具有關聯，假若了解人類心智如何運作的話，他可以建造一個大腦，而英特爾或許會讓他專心花時間研究這個。他心想，這個「發明記憶矽晶片和微處理器」的公司，當然會允許他花部分時間思考「如何設計像大腦的記憶晶片」。所以，他寫了一封信給公司老闆。這個剛從大學畢業的小夥子，寫信給公司的董事長，問道可否以「研究腦部」來當作上班賺錢，這真的需要熱情和膽識，誰料得到會發生什麼事情呢？或許換來嗤之以鼻，或是大加譴責：「不要浪費時間寫信給我，說你時間應該花在哪裡！」

英特爾老闆摩爾（Gordon Moore）或許的確笑了，但他還是送年輕的傑夫去見公司首席科學家泰德．霍夫（Ted Hoff）。傑夫飛到加州與霍夫見面，結果這位首席科學家也在研究人類思考，在聽完這位從波士頓遠道而來的菜鳥新秀說話後，他澆了一盆冷水，認爲人們還不了解大腦運作，現在根本不可能建造人工頭腦。日後，傑夫寫道：「霍夫是對的，不過那個時候我眞的很失望。」

然而，這盆冷水並沒有澆熄他的熱情。傑夫決定回到學校，他申請了麻省理工學院，就在波士頓辦公室跨過查爾斯河（Charles River）對面而已。麻省理工學院有一個很大的人工智慧課程，傑夫認爲自己可以輕易拿到入學許可，然而他又再度落空了。寫申請信的時候，他表示自己想要了解腦部如何運作，但是教授們有其他優先考量，他們想要寫程式，讓電腦做跟人類一樣的事情，像是走路、計算等等，但是他們不認爲這需要了解「人腦」如何運作，於是拒絕了他的申請。

我提到這個故事，有部分原因是要說明熱情驅動了傑夫的人生，無論念大學或畢業之後，而這份熱情最終讓他採取深度學習。他深信，大腦和電腦根本上是不同，他想了解智慧是如何運作的，想要知道人類如何思考、創造、記憶和預測，以及人類所能做的種種美好事情。⑧

傑夫的人類智慧之旅，點出了最優秀學生的一項特性，他們不會輕易放棄。在被英特爾和麻省理工拒絕後，他和女友（現任太太）搬到加州，在那裡找到網格系統（GRiD Systems）的工作，這家矽谷的公司發明了第一台筆記型電腦。有一天上班時，發生了一件很特別的事情。這有可能是一個意外，但我認爲這件事情的發生，部分原因是因爲傑夫對於學習具有高度熱忱的關係。他幫忙設計了第一款平板電腦，讓一些同事試用看看。當他看著同事們用這部只有觸控螢幕、沒有鍵盤的怪玩意時，發現他們很喜歡帶著到處使用。公司沒有打算將這款新機器賣給一般顧客，只是作爲商業用途。但是傑夫觀察到一個現象，也許是出自於他會跳過明顯事物去思考的習慣使然，將他送往一個新的方向。「我注意到他們十分喜歡觸摸這個小玩意的螢幕，還有人說希望把通訊錄放在裡面。」

這項簡單的觀察，加上傑夫素有深入思考的習慣，引發了一個概念，從此改變人類處理與思考訊息的方式，也讓傑夫最後進了美國工程學會（National Academy of Engineers）。當時，他自個兒沉思道：「計算機的未來應該在於行動裝置，可以讓人們隨身攜帶，那麼爲何不在人們口袋裡裝一台小電腦呢？」這會比一台大電腦更便宜、更方便使用，同時也更可靠。傑夫想，世界上大部分的人口買不起電腦，但是如果能夠製造一台小到

「塞到口袋」的電腦，就會有越多的人負擔得起這種東西了。

在當時，把小電腦放到人們口袋的夢想，比他和家人在長島家中車庫裡建造那些稀奇古怪的船隻更奇怪，甚至是比了解人類大腦如何運作的瘋狂點子更瘋狂。「既沒有建造這種小電腦的技術，也沒有操作的軟體」，所以網格系統公司不願花錢投資，因爲不認爲有人會購買，他又碰了釘子。

所以傑夫重回學校學習，但還是很好奇建造這種小電腦的可能性。他越來越堅信，未來將緊繫於這些可以帶著走的小玩意兒。不過，他回到學校是追求以前的興趣，因爲他對人們思考的方式以及思考運作之道仍然著迷不已。一開始，他上函授學校，因爲「沒有人會被函授學校拒絕吧！」他主修生理學和生物相關的科目，接著申請加州大學柏克萊分校生物物理學的人類智慧課。傑夫細說這段過程：「我認眞念書，完成規定的入學考試，準備履歷，請人寫推薦信，然後，哇！我通過了，成爲全職的研究生。」那時，他還沒滿三十歲。

他在網格系統公司辦理留職停薪，幾年後又回到了電腦產業，發明了第一部成功的移動型電腦「掌上電腦」（Palm Pilot）。他發明手寫筆輸入法，世界各地的人們開始購買這種新奇的玩意，將這台小電腦放進口袋裡帶著到處走。二年後，他和一些同事創辦了一家新公司 Handspring，設計出可以當電話的小電腦，是全世界第一台智慧手機「Treo」。此刻，創業成功讓他有了經濟後盾，可用來追求自己「研究大腦」的志趣。首先，他在加州蒙洛公園市（Menlo Park）創立了非營利的紅杉神經科學研究院（Redwood Neuroscience Institute），他和其他科學家研究人類的新皮質層如何處理訊息。三年後，他將研究院捐給加州大學柏克萊分校，創辦了另一家名爲 Numenta 的新公司。相較於他幫忙建立的 Palm 和 Handspring 等大公司，他在這間小公司裡，可以全心全意探索心智如何運作，或許終有一天能夠建造出像人腦一般思考的機器。

傑夫對於人生有一種無可救藥的樂觀，從這種觀點中，他發現了深度學習的根基，也願意不斷嘗試，無懼於遭遇連番打擊。他指出：「這一生中，我很早就明白發生在身上的事情，有很大是機率的成分，所以我從來不曾擔心。」相反地，他只是追尋自己的好奇心，「如果有什麼壞事發生了，我會試著不要一直想它，而是盡量去找出解決的辦法。」相信有解答，就是要相信世界具有彈性，只要肯努力就能改變，這正是一種成長的心態。

改變心態

任何人都可以學會「智能會擴張」的想法，進而從這種成長心態收割果實嗎？查理・吉爾斯（Charlie Geaers）和同伴們做到了。⑨這位害羞的紐約市小男孩，在校所有數學測驗都沒有拿過好分數。六年級在一項測驗中，他的得分比全美百分之六十五的學生更差。因為家境不寬裕，他每天吃免費午餐。當七年級新年假期過後回到學校時，一群哥倫比亞大學與史丹佛大學的心理學家邀他和朋友參加為期八週、每週一次的研究，學習腦部運作以及取得讀書建議。查理得到父母的同意，報名參加了研究，總共將近一百名學生報名，大部分的人數學都不好。

心理學家將這些志願者分成每班十二到十四名學生，並暗地將這些班級分成兩大組，但是包括查理和父母師長們統統不知情。所有班級都學習腦部的運作方式，並接受如何有效運用時間，以及如何組織、學習、理解和記憶新東西等指導。每個學生也探索了刻板印象如何影響人們的思考，並討論如何避免這類危險。

兩組學生的經驗都相同，除了關鍵的兩堂課。在這兩天，查理和朋友們朗讀一篇心理學家布萊克威爾（Lisa Blackwell）特別為七年級學生寫的文章：〈增長智力的方法〉。在朗讀時，學生念到學習時腦部會發生實質的變化。這篇文章解釋最新的科學研究發現，攜帶訊息的腦神經細胞在學習新事物之後，會進行更強的連結。這篇文章指出，腦部實際上會增長，就好像每天做運動後，肌肉細胞間會冒出新的連結。活躍與學習的大腦會比不活動的大腦更重，文章提到以嬰兒學說話為例，新生兒不會說話，但是藉由發出聲音，最後嬰兒學會了一種新語言。當科學家用核磁共振術（MRI）觀察寶寶大腦內部時，真的可以看到學習講話後會有變化發生。

當查理和同學們閱讀完文章後，兩名帶領的大學生請他們想想看用學過的東西做練習，並請他們解釋在學習時腦部可能發生何種變化。這種練習與厄尼斯特·巴特勒、莎拉·古德里奇、雪莉·卡夫卡與同學們，在貝克老師的能力整合課上做過的習題極為相似，他們舉出自己做過什麼有創意的事情，並思索是在何種情況下完成工作。

同時間，另一組學生同樣花兩天的時間閱讀一篇記憶如何運作的文章，他們學到新的記憶策略，甚至有一個機會練習這些技巧。基本上，他們獲得學習和記憶兩項技巧。

這些學生表現如何呢？大部分學生在參加研究之前，一般相信智力是天生固定的。

但是這次經驗中，查理那組學生更深入體悟到智力是可以靠努力來增進的。這不至於太奇怪，因爲他們已經讀過一篇文章解釋過，然而另一組學生並沒有。更重要的是，在研究進行後幾個月內，查理那組學生大致上也表現出更強的動機，在數學課好好表現。[10]他們有時候待到很晚，努力將作業完成，或是利用午餐時間請教老師，這是他們從前未曾做過的事情。最重要的是，像查理這種原本認爲智力無法改變，在此次經驗後認爲智力或許可以改變的人，數學課的學業表現突然出現變化，成績開始向上爬升。

主導查理學校研究的布萊克威爾注意到，一個人對於智力是否會改變的信念，在未遇到太多挑戰的輕鬆時刻裡，將看不出來有太大的差別，但是若遇到阻礙與連番挫敗，那些相信能夠改進基本能力的人，更有可能會渡過難關，這正是本書在富創意力與生產力的人們身上所發現的模式。

抵抗風暴

黛柏拉・哥德森直到八歲前都住在牙買加，享受家裡在當地的上層階級生活。但是當父母分開後，她和母親搬到紐約皇后區，生活明顯改變了。她回憶道：「我們搬去和祖母與表親一起住，曾經有十個人擠在一間小公寓裡。從青翠家園搬到水泥公寓，是一大轉變。」她喜歡看書，這個大城市給了她很多機會，「我去圖書館一次拿十本書，在還書期限前就看完了。」這個小女孩十分著迷推理小說，狼吞虎嚥著克莉斯蒂的小說。

紐約市有專科高中。「十四歲左右就要決定自己一生想做什麼，然後去念預備高中，為未來的職業做好準備。我是十二歲的時候，決定想當一名醫生。」黛柏拉喜歡人們，並照顧大家。「我媽媽心臟有毛病，沒有人能告訴她哪裡出問題，所以我想要當心臟科醫生幫助她。」她找到了自己的目標，引導著她的學習。「我覺得如果去念醫學院，便可以知道媽媽哪裡有問題，並醫好她。」

此後，每當黛柏拉生病去看醫生時，媽媽總是會藉機鼓勵一下女兒的志向。她會說：「對了，我的女兒想當醫生，您能給她一些建議，告訴她應該怎麼做嗎？」但是這種請求常常落得對方充耳不聞，或是投以成見，「我會得到輕蔑的表情，認定那是不可能的事情！」她說那種「表情」告訴她的是：「妳這個從皇后區來的黑人窮女孩，哪能得到奇蹟進入醫學院呢？」不只這一次，之後還有更多人這樣蔑視她。

黛柏拉未理會這些鄙夷的目光，十三歲時進入布朗克斯科學中學（Bronx High School

of Science）。她回憶說：「這需要兩個半小時的通勤時間，我每天早上六點就得出門搭地鐵。」她的成績大受影響，人生頭一次遇到很難的課程，念得非常辛苦，但是文學與數學成爲她的知音良伴。在一堂課中她讀到了弗洛斯特（Robert Frost）的詩〈荒徑〉（The Road Not Taken），留下了深刻的印象。她解釋說：「就像詩裡的旅人，我總是走人跡罕至的荒路。」

黛柏拉總是找方法督促自己。她說道：「我可以去比較輕鬆的學校，但那對我沒什麼好處。」等到她從布朗克斯科學中學畢業時，成績已突飛猛進，雖然沒有進入自己選擇的瓦薩學院（Vassar），但是由於表現良好，她收拾行囊前往波士頓大學。在瓦薩學院招生面試時，她被問道要如何運用一百萬美元。「給我的媽媽！」她驕傲地宣布，但在那一刻，她知道自己搞砸了。「他明顯期待某些偉大的說法，但是對一個由單親媽媽撫養，與十個人擠在皇后區的小孩來說，你能期待什麼呢？」

她在波士頓大學選修的每門課，心中只有一個目標：進入醫學院，成爲一名醫生。她主修社會心理學，因爲認爲這會幫助自己成爲一名好醫生。她也選修了許多堂社會心理學和數學課程，因爲對她具有重大意義。她的成績一飛沖天，但是讓她留下烙印的是在出色的成績表現後，一名輔導老師對她說的話。原來，波士頓大學要求所有醫學預科學生與輔導老師會面，以確定做了正確選擇。「他一直想向我解釋爲何我進不了醫學院，不斷告訴我那太困難了，我應該放棄夢想。」

黛柏拉不想聽。她在學校做的一切，都是爲了要進醫學院，成爲一名醫生，她進布朗克斯科學中學是爲了這個原因，她在波士頓大學修社會心理學，督促自己選修困難的理工課程，也是爲了這個原因，她不想理會輔導老師，更是爲了這個原因。然而，當她拿到第一個醫學院入學許可時，她並沒有接受。

在她念完大學之前，有一位朋友安排她與賓州一所醫學院院長進行面試。當時，她已經考完醫學院入學考試（MCAT），表現極爲優異，作文部分拿下百分比九十九的高分。儘管她還沒有完成全部的醫學預科課程，但是院長當場就決定收她了。「這是一間非常好的學校，但是他們有一個要求讓我很不舒服。」該校要求所有黑人學生在暑假時先上醫學院的課程，其他學生則是從秋天開始。「他們沒有給我選擇，那或許會讓我有不同的決定。他們只是強調，我必須遵照規定。」多年後，當黛柏拉提到這項她稱之爲「補救教學」的要求時，仍然感覺到那股侮辱。

「我拒絕了，那時我的男朋友和他的父親非常失望，而他的父親正是安排我跟院長面試的人。但是如果我接受了，之後會一直猜測這是不是靠自己才辦到的。」別人一直告訴黛柏拉她做不到，爲了要戰勝這些抱持懷疑的人，她感覺必須掌控自己的教育，那項暗示她需要特別幫助的先修要求恰得其反。

第二年她獲得哥倫比亞大學醫學院的錄取許可，這是美國的頂尖學校。在醫學院前兩年，學生們要選修基礎科學課程，包括神經病學到生理學等等，他們上課、聽講座，也要考試，常需要記住大量訊息，但是並不從事實際醫療行爲，要等到後面兩年臨床課程開始以後。黛柏拉表示：「我不認爲在這些課堂上的表現，會顯示出你以後會成爲什麼樣的醫生。」

當進入臨床後，她表現極爲出色，不斷贏得好評，終於達成十二歲起的心願。醫生必須要看病人的情況做判斷，要考慮所有可能的解釋來推斷病症，判斷哪裡有問題與如何治療，然後說服病人吃藥或接受治療。當醫生的黛柏拉擅長「鑑別診斷」這門科學與藝術，排除最不可能的原因，將重點放在最可能的病症根源上。「我經常會在睡覺時還繼續想一個病例，有時候半夜因爲有了結論而醒來。」她成爲科學偵探，仔細衡量證據，而心理學的背景，幫助她說服病人按照醫囑治療。在結束醫學訓練後，她在紐澤西北部開業，成爲大家推崇敬重的診所。

經過了所有的努力奮鬥，在不屑與輕蔑的目光中，在輔導老師的勸阻下，在被規定參加「補救教學」的侮辱時，黛柏拉始終堅信她能做到。她直率地指出：「負面的刻板印象從未困擾我，那不是我的問題。」至於智力，她相信努力付出才有最大的回報：「現在，我對聰明的定義，是一個人有多麼的努力！」

5　如何處理棘手的難題

二〇一〇年夏天一個悶熱慵懶的日子，我坐在陽台上寫這本書，一邊看著我家六歲的小男孩和弟弟玩棒球。他在手套裡彈打棒球，我在腿上放了一台電腦，專心打字。結果他溜到我身旁，從肩膀後頭窺探我的工作，問了我一個最困難的問題：「我們死的時候，去哪裡呢？」

我不想跟他討論這個問題，於是四兩撥千斤地回答：「我不知道耶。」

「你可以 Google 一下嗎？」他回說。

這個六歲小孩，和許多大學生以同樣的方式思考。在他們的角度上，每個問題都有答案，只是得找出來罷了。你可以詢問專家，如果想學的話，就記住答案；問題有一套程序，只要按照公式，就可以找到解答。

然而，我們每天都得面對難以回答的問題。例如，假設你是陪審團，正在聽取證詞，罪案非常恐怖，而你必須決定這位年輕被告的命運。你聽到一位目擊證人指出，二十一歲的丹尼斯・威廉斯（Dennis Williams）與三名同夥綁架了一名年輕女孩和未婚夫，帶到汽車旅館反覆姦淫女子，然後殺害這對情侶，棄屍在芝加哥街頭。坐在你面前，指控朋友犯下獸行的十七歲女孩，在證人席上緊張地扭動身體，而被告律師則閉上雙眼，似乎在打瞌睡。當證詞結束後，你和陪審團其他成員投票爲丹尼斯定罪，法官判處他死刑。

十八年後，你得知威廉斯和友人並未犯下這項罪行，眞正的兇手坦承犯案了。如今，威廉斯已快四十歲了，多年來他住在六乘十呎的死囚房裡，每夜睡在一張墊著薄褥的鐵床上，隨時可能在幾天或甚至幾小時內就由醫生注射藥物一命嗚呼。你和其他陪審員怎麼會犯下這麼可怕的錯誤？你是如何被騙的？

這種棘手問題不限於陪審團而已。我們一直努力思索戰爭和貧窮的根源，爲什麼經濟會出問題，或者思考道德和正義方面的課題。我們奮戰不懈，想要了解自然何其複雜。在日常生活中，我們面臨許多迫切的決定，包括學校、工作、感情、親友、健康和幸福等。有時候，抉擇會測試我們的道德感，或衝撞心靈深處的宗教觀。有時候，這些問題挑戰我們生命中堅強的信仰，或因爲太恐怖而讓人不敢思考。有時候，問題讓我們慌張失措或陷入絕望。

我們的教育能不能幫助大家，不論是在當陪審員、公民、朋友、父母、孩子、學生，或人生中的任何角色時，做出更好的決定呢？哲學家和心理學家經常談到兩種問題：好問題和壞問題。第一種問題出現在高中的代數問題上、歷史考卷的選擇題上，甚至是小學一年級的加法原理上，大體上具有明確的答案。相反地，壞問題沒有明確的答案，無法按照步驟找到妥當的回答，例如什麼原因造成內戰？什麼原因造成人口過剩？即使有些人會有嚴重的過敏反應，還是應該讓每個人都接種疫苗嗎？

甚至，將問題分爲兩大類，本身可能也有好壞。在威廉斯的案子中，事情過後十八年，正確的答案才水落石出，在這種情況下看來，目前的司法制度運作良好嗎？死刑呢？有什麼方法可以讓司法制度變得更好呢？

人生充滿雜七雜八的問題，要如何學會做出明智的決定呢？最優秀的大學生如何培養這份能力？在商業、科學、生活、政治和個人關係上，我們有時必須做出重大抉擇，大學教育能否幫忙做出更明智的決定呢？

這是我們認為最困難與最複雜的題目，讓我們先從大方向來看。在本書的研究對象身上，以及探討人們如何學習處理結構不良之問題的文獻上，可以看到以下的模式：

一、他們身邊圍繞著各式各樣有趣的人，會一起針對一些棘手的壞問題進行討論。

二、他們不因意見相反而擾亂情緒，反倒很高興有機會與不同意見者一較高下。這種態度反映出他們以謙卑的心求取結論，並對結論不時感到驚嘆（不管是錯得多離譜或多麼正確），顯示出他們對了解真相的渴望。

三、他們對世界保有一份著迷，想要深入了解，常會從童年的經驗和興趣中汲取養分。

四、他們會對一些壞問題進行原創性的研究，不只是Google一下而已，而是會深入探索問題。

五、他們有人生導師的支持，這是一個伸出援手並相信他們能夠做到的人。

可以說，這些人之所以學會處理壞問題，是靠著去處理解決壞問題，並從努力中得到反饋。他們不是只聽別人按琴鍵來學會彈鋼琴，也不是只聽別人思辯來學會思考。在整個過程中，本書受訪者常常會與自己進行對話，以產生的自我意識來引導興趣和提出解答。他們看見自己的偏見，與自己奮戰來塑造更多理性的觀點，根據證據和周全的思考來獲得結論，而不是依據社會成見或歸類。在一些受訪者的生命中，可以看到他們尋求這些路徑，讓自己在解決問題上更具成效。

小時候，大衛・普羅提斯（David Protess）住在布魯克林，那是他後來成爲世界頂尖調查記者之前很久的事。當時，有兩大恐懼籠罩著家人親友：其一是會不會發生核子戰爭？其二是每個人都會得小兒麻痺症嗎？他的叔叔確實是生病跛腳，但是核戰爆發的可能性卻是極爲渺小。在學校裡，孩子們學會警報一響，便馬上蹲到桌子下掩蔽，用手掌將臉遮起來，彷彿這樣便可以保護他們免於原子彈或氫彈爆炸的攻擊。早晨的遊戲時間，也不時會聽到尖銳的空襲警報響徹耳際。

事實上，布魯克林從未受過轟炸，大多數人也躲過了小兒麻痺，但是恐懼持續蔓延著。當大衛七歲那年，社區裡的人們（包括他父母和住在樓下的祖父母們）都在談論羅森堡夫婦（Julius and Ethel Rosenberg）受審案，這對曼哈頓下城的猶太夫婦遭指控將原子彈祕密交給俄國，被判以電椅處死。對大衛這樣的猶太家庭和鄰居來說，德國大屠殺的記憶猶新，人們在街談巷議之際，常常將話題轉向處死羅森堡夫婦，是不是新一波殺害猶太人的序曲？之前在美國，從來沒有平民因爲間諜罪而被判處死刑。即使他們有罪，爲什麼這兩個人非死不可，他們眞的犯罪了嗎？大衛知道這對夫妻有兩名年幼的兒子，其中一人與他同齡，他一直在想國家會如何處死這對夫妻，讓兩名男孩變成孤兒。他還記得有個週六早晨醒來，看到報紙斗大的標題：「羅森堡夫婦『電焦』了。」這份記憶徘徊不去，也指引他如何分析壞問題。他指出：「羅森堡夫婦的死刑處決讓我終生反對死刑，對我作爲調查記者和教育人士的生涯，產生深刻的影響。」

在那個全國陷入歇斯底里的時代裡，大衛愛上了棒球，也對世界產生懷疑。沉浸在棒球運動中幫助他逃離現實，許多夏天的晚上，他和祖父一起聽棒球比賽轉播，並分析每場球賽。有時候，他會偷溜到布魯克林的艾畢斯球場（Ebbets Field）觀看道奇隊比賽。懷疑爲啓蒙之師，這種思考教育日後將開花結果。生命不斷在他幼小的心靈上加諸問題和決定，警報響起代表眞正的空襲，還是演習而已？證據是什麼？這是一般測試警報的時候嗎？會殺害更多猶太人嗎？國家會讓他們執行死刑嗎？哈洛德（Harold）叔叔的流行感冒是不是小兒麻痺症的最早階段？

大衛對學校興趣不大，但是他看了許多書，也跟祖父討論棒球。基於某種莫名的理由，他很想當獸醫，也許是因爲父親在曼哈頓皮草區工作的關係。

當他十八歲時，遠在ＡＢＣ新聞選他爲「當週人物」、芝加哥市宣布其榮譽市民日，以及有部關於他的電視影集出爐之前，他進入中西部一所大型州立大學，因爲該校擁有很強的獸醫預科課程。但是那些課程龐雜無章，他在選修的理工課程和該如何處置動物之間看不見關聯。原本，他高中的成績就不好，現在更是一瀉千里。再加上爆發單核細胞增多症後，他轉入芝加哥市中心的羅斯福大學，發現那裡的氣氛讓他如魚得水。

在羅斯福大學的教授眞的會和他對話。他們在課堂上提出很有意思的問題，激發討論，請學生回答，又挑戰學生的答案。他們對待學生很尊敬，諄諄善誘，又歡迎學生的反擊。大衛最感著迷的是與正義相關的問題，以及如何創造與維護正義。討論從課堂開始，擴散到走廊、餐廳與辦公室。大衛回憶道：「大學成爲沒有牆壁的一間大教室。」

大學外面的世界，瞬息萬變。年輕人蓬勃發展的文化提出新議題，質疑舊有的社會模式，並出現像大衛班上的腦力激盪。許多討論圍繞著局勢日益艱困的東南亞戰事，以及社會如何對待有色人種等議題上。幾十年來，美國一直對非裔人士和許多西語裔人士採取隔離措施，強迫他們使用不同的生活處所設備，例如不同的學校、醫院、社區、餐飲旅館，甚至游泳池等。越來越多人開始質疑這些歧視的法令規章和作法，他們上街遊行表達理念，故意打破種族隔離規定，尋求法律改變，和平抵抗直到被逮捕，舉行公衆集會提出質疑和討論。他們會遇上好戰的反對派，但更常面對堅持種族隔離與種族主義的人士暴力的回應。針對越南的戰事緊張，全美各地校園內的衝突也日益高張，不論是在宿舍、勞工餐廳、主日學、派對或野餐上，全國廣播新聞頻頻提到民權和反戰運動。

對於大衛、教授和同學們，這些事情成爲他們互動交流的主要話題。如果將某些人隔離到不同與不平等的場所，如何維持一個民主的社會呢？什麼原因造成社會開始採取隔離措施，有什麼好方法可迎面痛擊這個沉痾呢？如何彌補長久以來的歧視所造成的傷害呢？東南亞的戰爭是爲了越南人民的民主而戰，還是保護美帝主義利益並撐起不得人心、又時常獨裁的南越政府而發動的呢？若是有些民族選擇的未來與美國的願望背道而馳，那麼美國政府和民衆會支持這個世界民族的「自決」嗎？

大衛學校的功課喚起童年隨同母親參與政治運動的回憶，他們上街發傳單，爲可望能爲世界帶來和平正義的候選人助選，並與質疑者發生激烈辯論。同時，這也喚起了兒時一些基本的理解，包括戰爭、疾病與死刑所帶來的威脅。但是，現在這份認知升高到比較複雜的層次，大衛被迫審視自己的假設和價值觀，考慮對世界的一切了解，並仔細注意推導結論的方式。

羅斯福大學有一個教室，學生都可以進去玩西洋棋，大衛經常去那裡逗留，對思索棋局與棋路十分著迷，他揣測對手的棋步，試著先著一棋。他發現這與課堂上出現的辯論和討論有相似之處。他必須不斷思考自己的推理，推想如何因應反駁，沙盤推演各種可能性。但是不管在課堂上或是在教授的辦公室，他不只是在玩要贏過對方的遊戲，而是要更能理解議題，建立模型來幫助自己研究與提出新問題：我們怎麼知道這一點？證據是什麼？這代表什麼意思？這些教授不只是老師而已，更成爲人生導師，他們挑戰他的思考，質疑他的假設、證據和推理等。大衛經常流連他們的辦公室，不斷保持交流。

當他學習理解時，有千百種新問題湧入腦海：爲何我相信自己做的事？我有什麼不知道的？我有何信仰？我常會模稜兩可不確定嗎？有時候，大衛會刻意嘗試「瘋狂的推理」，只是想聽到回應，檢視自己的想法，形成新的模型，然後質疑這些組織架構：我這裡假設什麼？我能從內心深處，發掘出自己從未說過的假設，帶到陽光下仔細檢視嗎？若它們在我眼前爆炸，我還是能夠繼續推敲探索，尋找別的觀點嗎？我能夠接受一個點子的死亡或其他點子的不確定嗎？我能夠接受人生不按牌理出牌的一面，並繼續解開其中的奧祕嗎？我能夠區分觀察所得和推理歸納嗎？我說的話有什麼意義和用處呢？大衛了解到先前形成的概念，對於此刻理解可能具有巨大的力量，並認出這些前提假設的必要性。

當大衛在布魯克林長大時，那個世界像爲馬鈴薯秤重般來衡量ＩＱ。學校和測試成績宣布有些人聰明，有些人蠢笨。當時，世俗認定智力在出生時就已形成，無法加以更改。然而，他在羅斯福大學的衆多經歷，卻對這些傳統觀點提出質疑。走廊裡像大衛的人比比皆是，他們在別的地方表現不好，後來才到了羅斯福這所學校。他指出：「然而，事實證明他們是反應敏捷、富有想像力和充滿洞察力的人，能夠做出睿智的推理。」在合適的環境下，他們開花結果，成爲好奇愛問的學生，推翻了對智力的舊看法。

大衛有時會花上幾個小時閱讀有興趣的主題。他特別喜歡選修的政治學課程，但是生物學變得更有趣，也許部分原因是教授介紹了科學相關的社會爭議話題。他們的老師上的是達爾文主義，以演化的觀點來了解生物學，然而他坦承就個人情感上，還是相信傳統宗教解釋生命起源的說法。

圖書館對大衛變得很重要，整個城市也是，他回憶：「芝加哥成了我們的實驗室！」他加入了民權和反戰團體，身處政治大鍋爐裡。他學會用更有系統的方法處理議題，尋找證據與提出懷疑，然後問自己哪些算是好理由，可以支持或駁斥自己的想法。同時，他發展出強烈的社會責任感以及對正義的信念。他成為一個有自信的學生，成績也突飛猛進，但是比起此刻他過的知性人生，那一點也不重要了。根據掌握的證據，他決定自己要做的不只是思考問題而已，他必須採取行動，毫無作為讓他難以接受。

從羅斯福大學畢業後，他進入芝加哥大學就讀結合政治科學、社區組織和社會政策的研究所課程。在那裡，知性交流的對話繼續著，「但是到達更高的水平」。每一天，他不斷測試評量自己的分析、歸納和辯論技巧，感覺到日新又新。他坦承道：「在小團體的環境中，人們有機會互動，是我學習最多的時候。」這也是他覺得能自在犯錯的地方，「新的推論讓我們有了理性論述，給我機會接受挑戰，所以我可以改進自己的思考，並獲得新的想法。」大衛了解到話語只是想法的符號，事實藏在語言背後；每個對思考的挑戰，幫忙他剔除常見的推理謬誤，讓他不再訴諸權威，將某些說法當成不可駁斥的眞理，或是「因人廢言」，因爲不喜歡一些人的人生觀或政治立場，而排除別人的結論或證據。不能僅僅因爲「每個人」相信某件事情，就支持它是眞理。這位未來的新聞記者和教育人士領悟到，他必須分辨出何時是歸納，從特定例子推導到一般結論的論點，何時又是倒推回來的演繹觀點，也必須了解每種形式的推理需要提出什麼樣的問題，同時必須不斷衡量自己的推理是否一致無矛盾。

當他進入芝加哥大學時，知道自己再也不會成爲獸醫了。四年下來取得公共政策博士學位後，他成爲一名調查記者，最後加入了西北大學麥迪爾新聞學院（Medill School of Journalism）當教授。在此，多年來的質疑論證派上用場，他從自身的學習經驗，領悟出如何讓人們學習最深刻的道理。在他的觀點裡，經驗是最好的教育，不過他也同意美國教育哲學家杜威曾經說過的話：我們不是從經驗中學習，而是從思考經驗中學習。

大衛讓學生在不知不覺中開始從事調查新聞，他們主要是追查重罪死刑犯是否遭到法庭誤審錯判。修課的大學生變成一組記者，共同挖掘證據，重新探尋什麼才可作爲證據，追尋沒有人想過的線索，在一串縝密的調查中，讓因薄弱證據而被判處死刑的犯人除罪，其中許多人都是貧窮的黑人。丹尼斯和同伴主要就是因爲大衛和學生的報告而逃過死刑。因爲這項貢獻，大衛獲得著名的帕芬（Puffin Prize）創意公民獎，更重要的是，他的工作直接導致伊利諾州先是暫緩死刑，而後並完全廢止。

在西北大學任教近三十年後，二〇一一年他卸下教職，創辦「芝加哥終止冤獄計劃」（Chicago Innocence Project）。身爲該組織的主持人，他提供實習生機會「調查囚犯可能因爲未犯下之罪而遭定罪之案件」，根據該計劃網站，基本目標在於「揭露和糾正刑事司法系統之錯誤」。在一年之內，共有八名來自四所大學的實習生參與調查，並獲得含冤數年而後開釋的人士協助，齊力贏得了第一宗遭到誤判的案件。大衛指出：「我們從經驗中學習，證明了在西北開發出來的經驗學習模型，幾乎可以適用於任何地方。」①

從優渥到責任

香恩．安柏斯特（Shawn Armbrust）在優渥的環境中長大，她自己也知道這一點。她坦言：「我一出生，便享受許多人難以想像的優渥環境。」隨著時間流逝，她開始體認到現實既不公平，也無法避免。老天厚待她，給了她幾次好牌，但是她不滿足於此。相反地，人生無數次的際遇激發她孕育出一股公民責任感。當然，她的父母肯定這種觀點態度也帶來了正面影響，而從孩提時代起，在天主教學校所受到的教育，更讓她吸收了社會公義的教誨。她大量閱讀，認識到世界的不公平、機會的不均等，有人忍受著殘酷的命運，這份體認對於她投身於追求公平正義，具有莫大的影響。

就許多美國人而言，二次大戰期間的大屠殺事件深具啓蒙意義，暴露出種族思維種種醜陋的可能性。許多美國人看著納粹的殘酷暴行，在浩劫中反映出美國境內的種族思維和作法，正是這種邏輯的延伸，對後續的發展令人不寒而慄。在大屠殺結束的幾十年後，香恩仍有類似的反應。升上高中後，夏天她花了幾個月的時間待在柏林，看了許多關於希特勒統治下法西斯主義者的暴行，這段經歷對她產生深刻的影響。

那年夏天，是她思考和立志的另一個重要階段。她無意中看了一部老電影《總統人馬》（*All the President's*），是在講年輕的調查記者鮑勃．伍德沃德（Bob Woodward）和卡爾．伯恩斯坦（Carl Bernstein）的故事，他們為《華盛頓郵報》揭發了水門事件，導致尼克森總統下台。當香恩因交流計劃到德國念書時，她帶著關於這兩名年輕記者的書到了歐洲，回家後立志成爲一名調查記者，她打算進入大學追求這份夢想，於是申請到西北大學麥迪爾新聞學院就讀。

在伊利諾埃文斯頓（Evanston）的校園裡，前面三年她的知識長進，不但從課堂上學到許多東西，當志工的經驗更是如此。她上了一門有關冷戰的課，對於她的外交政策觀點影響深遠，不過她也去幫補修高中同等學力的父母照顧小孩，這段經驗塑造了她對政治和貧窮議題的觀點。② 在升上大四那年暑假，她到白宮當實習生，在民眾意見服務處工作，這項工作讓她專注於學習法規政策，而非候選人身上。

當香恩上大四的時候，一個朋友建議她選修大衛教授的調查報導課。她說明道：「我不想選修雜誌寫作，況且我從十七歲開始，就一直很想當調查記者。」她並沒有多想，只是直覺很有趣而已。然而，這堂課會改變她的一生，以及她從未謀面之人的命運，她也將幫忙修訂伊利諾州的刑事制度。

在開始上課之前，香恩讀了大衛與渥頓（Rob Warden）合寫的《正義之承諾》（*Promise of Justice*），這本書談到丹尼斯．威廉斯與三位同伴的故事，讓她越來越好奇記者能有這樣的影響力。在九月初，大衛告訴學生有關安東尼．波特（Anthony Porter）的案例，這位貧窮的黑人男子來自芝加哥南邊，被控在華盛頓公園附近的游泳池殺害一對年輕情侶而遭定罪。之前那一班已經挖掘出證據，質疑安東尼的判罪，但是不足以讓他無罪釋放。波特不斷爭取上訴，每每暫逃一死。他當死囚已超過十五年，不只一次與死神擦肩而過，才再度贏得法院暫緩執刑的判決。他最新逃過一死，是因爲獄方測驗他只有五十一分的智商，所以法院延緩執行死刑。然而，伊利諾州的法律並無終止對智障人士執行死刑的規定，所以這項最新的推延恐怕隨時會消失。香恩決定參與這份案子的調查，部分原因是事態緊急。她指出：「我們必須了解在課堂期間，這名男子極可能會因爲沒做過的事而被處死。」然而，她知道光是因爲對他的判刑有疑問，並不足以證明他是無辜的。

十一月一個颼風的星期六，香恩和幾位同學一起去華盛頓公園重演現場，她回憶道：「那時我們都有點疲累，不明白爲什麼大衛老師要我們這麼做。」起訴書指稱，波特在企圖搶劫時，射殺了十九歲的瑪麗蓮．格林（Marilyn Green）以及她十八歲的未婚夫傑里．希拉德（Jerry Hillard），當時兩名受害者正坐在一座游泳池的看台上。一切似乎都很吻合，二十七歲的波特曾經在同一個公園謀劃搶案，另有一名目擊者聲稱看見波特殺害了格林和希拉德。波特原本是到警局澄清的，沒想到遭到逮捕，經過簡短的審判後，很快被定罪判處死刑。

然而，當這幾名西北大學的學生試圖重建現場時，卻發現了一個可怕的錯誤。香恩回憶道：「我站在謀殺案發生的地點，其他人站在目擊證人聲稱的位置上，然而那段距離遠得荒謬，我的同學看得見我的紅頭髮，除此之外什麼也看不清楚。」她解釋道：「即使在大白天，這段距離肯定也看不清兇手，而兇殺案其實發生在半夜一點。」不過，光靠這點無法證明波特遭到錯判，這名有抱負的學生記者也知道這一點，因爲在美國的司法制度裡，人們先以無罪推論，直到法庭上罪證充分才能定罪，舉證責任是在檢察官這方。但是，當陪審團確立某人犯罪，被告一方必須提供證據才能推翻判決，所以，現在舉證之責移轉到被告身上。

在兩名指認波特爲兇手的目擊證人當中，有一人已經過世了。香恩他們想要同另一位證人談談，最後一位同學終於訪談到這位目擊證人，然而，他的說詞卻掀起令人難安的波瀾。他告訴這些新聞系的學生，他的證詞統統是謊言，是受警方強迫的。如果事情屬實，這份自白可能推翻這件案子，然而，這個傢伙是不是編出這套謊言呢？

會不會是當局對這起謀殺案只想草草了結，因爲貧窮的黑人殺害了一對貧窮的黑人情侶，誰會關心呢？有鑑於美國社會對黑人的偏見，這解釋聽起來頗合理。但是，僅僅因爲某件事情有可能會發生，不代表的確如此。唯一的證據來自這個男人，他不是現在說謊，就是當初在法庭作證時說謊，這樣的人能夠信賴嗎？

香恩挖出這個案子的紀錄，發現當初警方在鎖定波特之前，曾短暫懷疑另一個嫌疑犯艾斯托利．西蒙（Alstory Simon）。她想要與西蒙離異的妻子伊內茲．傑克遜（Inez Jackson）談談，但是要找出她並不是一件容易的任務。香恩回憶道：「在聖誕假期期間，我敲了數十家住戶姓名相同的大門。」到了一月下旬，這名學生記者終於找到了對的伊內茲。香恩記錄這段往事：「我們請她到外面吃飯，先談了一百件無關的事情，最後才問到這個案件。她直直盯著我，告訴我們西蒙以前常打她，有次還拿了衣架要修理她。她覺得總有一天他會殺了她。」③這名身材矮小的黑人婦女越講越氣憤，時機適當的時候，大衛突然切入重點：「伊內茲，我們知道那晚在華盛頓公園發生了什麼事情，妳爲什麼不告訴我們呢？」

不一會兒，伊內茲吐露了一切。案發當晚，她都和前夫西蒙坐在游泳池邊，當她聽到他與希拉德爭論的時候，她並沒有十分注意。之後她聽見六聲槍響，看見西蒙將槍塞進褲子裡，然後抓著她的手，強拉她離開公園，要她閉嘴，否則連她也殺掉。

香恩最近說明這段往事：「我們把她帶回我父母的房子，將她的證詞拍成影片，交給CBS新聞製作小組。」四天後，這則故事和影帶在晚間新聞播放，第二天爲這堂新聞工作的私家偵探訪談了西蒙。香恩回憶道：「正巧，那天早上CBS再度播放伊內茲證詞的影片，當偵探在那裡的時候，西蒙正好將電視轉到CBS那台。不到十分鐘，他以影帶供述，承認他是因自衛而犯案。」

一切都發生得如此之快，其中一些純粹是意外。兩天後，伊利諾州將波特從監獄釋放，一個月後正式撤銷謀殺罪的指控。二十一歲的香恩和同學們突然發現，自己成爲媒體瘋狂追逐的中心，他們出現在《早安美國》（*Good Morning America*）的節目中，故事播送到全國各媒體。然而，大家的注意力並不是放在司法制度，或是這次拯救無辜死囚的「機運巧合」，而是將焦點擺在白人中產階級大學生拯救貧窮黑人死刑犯的「賣點」上。對於香恩而言，爆紅當然令人興奮，但同時也讓她深感不安。她體認到，「西蒙的自白」有賴於「離奇的巧合」。那天早上，CBS只在五區播放伊內茲的影片，而西蒙正好在其中一區，並將電視調到播送的頻道。她總結說：「如果不是調查上發生一些非常幸運的突破，波特或許已被處死了。」④

在波特被釋放當天，伊利諾州長瑞安（George Ryan）在電視上看到這名原本的死刑犯，跑向大衛、香恩和另兩名學生羅德皮茲（Syandene Rhodes-Pitts）和麥肯（Tom McCann），將他們一一抱起來感謝並慶祝勝利。州長很想知道爲何幾名大學生、他們的教授和一位私家偵探，竟然可以挖掘出從來沒有人發現的證據，並對死刑的正當性提出嚴正的質疑。他問妻子：「該死，這是怎麼回事呢？一個無辜的人竟然坐了死牢十五年，卻沒有得到幫助？」一年後，瑞安宣布暫緩死刑執行，十年後，伊利諾州廢除了死刑。

經過這場淬煉，香恩整個人脫胎換骨。她對我總結道：「司法制度未能好好運作，薄弱粗糙的證據讓一個男人浪費了十八年的生命。」當初，年輕的她不斷告訴新聞記者：「二十一歲的孩子，不該負責將無辜的人從監獄救出來。」後來，她寫道：「警察、辯護律師、檢察官和上訴法院統統未盡到本分，保護被告權利或做好判決。」

畢業後，香恩在西北大學新成立的「誤審中心」（Wrongful Conviction）工作兩年，然後到喬治城大學法學院念書。她曾爲一位聯邦法官當了一段時間的職員，香恩回想道：「發生在我身上最棒的事情，是我當職員時被炒了魷魚。剛開始那十五個小時，我覺得世界毀了。後來我了解到自己有多麼討厭做文書工作，而且這樣我才可以做眞正想追求的事情。」在她和大家一起努力證明波特是無辜的六年後，她成爲「中大西洋終止冤獄計劃（Mid-Atlantic Innocence Project）的執行主任，服務華盛頓特區、馬里蘭州和維吉尼亞州等地區。

反思判斷

當人們學習解決生命中諸多棘手問題時，會歷經哪些思考方式的變化呢？當金恩（Patricia King）和基崔納（Karen Kitchener）這對朋友在明尼蘇達大學修一堂研究所的課時，共同提出了一個模型，探討人們學習對結構不良的壞問題進行「反思判斷」（reflective judgement）時，會發生哪些變化。⑤然而，研究結果顯示並未有簡單的答案。

在訪談數百名學生後，兩人將思考判斷約略分爲七個「發展階段」，好像暗示大家會（按照順序）全部經歷過一遍，順著階梯往上爬向更複雜的思考與解題方式。然而，這不完全是她們的意思，相反地，她們相信人們就像是馬戲團裡的空中飛人，同時會掛在三、四階繩梯上，例如同一天中，我們可能在一個領域裡用某個階層思考，然而在另一個時間裡則爬向更高的階梯，或是滑下來一、兩階。她們兩人將這些梯階稱爲「階段」，指的是不同的思考方式，但是她們也了解到，人們有可能同時以數種方式進行思考。她們寫道：「事實上，大多數人似乎是使用兩個階段，偶爾甚至是三個（通常是相鄰的）階段。」當然，有些人永遠都達不到最高層次的思考階段。

本書所訪問的創意和高生產力人士，一般的確都能夠以最高的層次來思考，然而他們並非天生如此，而是隨著人生發展出這項能力。若是我們仔細明白這些階段，可以更加了解自己解決問題的方式，進而邁向理性的思考。

在看這個階梯之前，先提醒一下，若是發現自己在梯架的最底層，不要感到絕望，每個人都是從最底層開始的。請試著像尋求新挑戰的學生般思考，而不是逕自放棄了。也請記住，貝克曾經對學生說：「當你爲自己建立一種新生活時，這發現的過程正是成長的關鍵。」這是需要時間的。

在金恩和基崔納提出的階梯最底層，人們認爲知識「絕對存在」，而且是具體的，只要觀察它即可。一個孩子告訴奶奶說：「當妳死了，打電話告訴我那是什麼樣子。」

一名大學生十分確信地說：「我知道我看到什麼，不要質疑我。」在這種思考方式中，抽象思考並不存在，孩童以這種方式思考，因爲這對他們來說很合理。

在第二階段，人們認定凡事皆爲可知，只要問對人即可。我們不是透過思考了解事情，而是認定所有知識來自權威，卻不去思索權威如何得到知識。就像城裡的小孩會說，食物是從商店來的，我們從未看到「事實」或觀念背後的耕耘過程。在這個階段，我們可能會這樣說：「我知道這是眞的，我在網路上看過了。」

在第三個階段，人們也會訴諸權威，但是體認到權威有所極限。對於沒有人知道的事情，我們可能會訴諸自己的信仰來塡補空白。如一名學生表示：「若是有證據，可用來說服別人，那麼這就是知識；否則的話，就只是猜測而已。」

應該可以注意到前三個階段有共同的東西，金恩和基崔納統稱之爲「反思前思維」（prereflective thinking）。在這些階段，人們認爲知識來自於權威，由老師或奶奶評斷何種爲眞，或是自己親眼目睹。記住等於學會；不提問題，不用質疑，一切眼見爲憑。

當到達第四個階段時，思考很像昨晚載我到紐約賓州車站的那位計程車司機。在轉彎拐角時，他直率表達自己的意見：「你永遠不能肯定什麼，端看你怎麼看。當然，你必須要有證據，然而即便如此，每個人看待證據的方式可能截然不同。」研究人員曾經聽到一位學生表示：「要是有證據的話，我才會相信進化論。好比埃及金字塔，我不認爲我們會知道它們是怎麼來的，因爲要去問誰呢？知道眞相的人都不在了！」對於計程車司機和那名學生來說，知識是不確定的，你會相信什麼，取決於你是哪種人。在這個思考層次上，可用證據和充分的理由來證明任何事情，而選擇哪種證據，完全取決於自己。在這個階段的學生會尋找理由和證據，來支持自己最重視的信念。研究判批思考的哲學家保羅（Richard Paul），稱這種推論方式爲「粗淺的批判思維」。

很少人能到達第五階段，此階段的人會認爲凡事都是每個人對證據的不同解讀罷了。我們可以說知道有某些詮釋，但無法加以評斷，因爲一個哲學家可能這樣解讀，另一個哲學家可能那樣解讀。曾經有一個學生對我說：「我看過所有不同的詮釋，我知道你要我評估比較。但眞的能說某種詮釋比其他好嗎？這點讓我非常困惑。」兩位研究人員聽到一名學生表示：「每個人的思考不同，所以對付問題的方法也不同。其他的理論或許跟我自己的理論一樣都是對的，只是各自依據不同的證據。」這個階段的學生覺得自己身在汪洋大海裡，面對不同的脈絡解讀，極難達成任何結論。

第四和第五階段有共同點，稱之為「準反思思維」（Quasi-reflective thinking）階段，證據變得很重要，但如何使用證據得出結論，完全取決於自己。在這些思考階層的學生看見琳琅滿目的詮釋，他們努力了解每種詮釋，但是卻無法評斷比較。金恩和基崔納指出：「雖然他們使用證據，但是並不了解證據如何推得結論（特別是公認有不確定性時），因此很容易把判斷視為高度主觀的事情，而無正確客觀性可言。」

第六階段與第七階段甚至更少人能夠達到，金恩和基崔納稱為「反思思維」(reflective thinking)。在這些層次上，人們了解有些問題極其複雜混亂。我們評估證據，尋找詮釋與想法，心中有許多觀點。我們從不同觀點與各種脈絡比較證據和意見，為了就複雜的問題建構出初步的答案，會衡量證據輕重，但是也會問道：「在這裡提出一個結論有用嗎？我需要得出一個結論，還是可以接受不確定性？這個暫時的答案可以解決某個問題，或是造成更多的問題呢？」有一位學生表示：「這一生中要確定很困難。確定有不同的程度，當我們達到某種程度的確定時，即成為個人對該議題的立場。」

現在接近最高階層了，讓我們先停下來，好好想想第六個階段，以便與最後第七個階段做區分。在第六個階段，人們可能會針對每個問題參考各種不同的研究，仔細衡量證據，並做一個暫時的結論。我們從不同的觀點比較證據和意見，經思考評量後，決定解答是否有用，並確定此時得出一個結論是否有實際的理由。

只有在最後第七階段，也就是大衛和香恩當學生時學會的思考方式，即意識到對於問題構築和做決定時，必須透過金恩和基崔納所稱「理性探詢」（reasonable inquiry）的過程。人們不能無中生有，或自憑想像，相反地，要從現有的證據，得出最合理或最可能的解釋，而當出現新的證據、較好的分析方法、成熟的新觀點，或者新的探詢工具後，必須再加以重新衡量。在檢視證據時，會問什麼是最有可能的？錯誤的機會有多大？一切都吻合嗎？在研究中，一位學生做出這樣的總結：「在評斷一項主張時，我會以對方是否已全盤考量為準則，思考採取何種推理方式和證據來支持結論，以及在這個主題上的主張是否與其他主題的方式一貫。」

在前面，我強調若想要深入學習，必須先要有深入學習的企圖，但我也承諾過，會回來說明何謂深入學習。這裡便是要談這個重要的部分，理性探詢的最高階段反映出對知識的深刻理解，將會影響人們對人生中困難的選擇如何做判斷；而如何做判斷將會決定你成爲怎樣的學生和變成怎樣的人。若是你的思考方式留在比較低的層次，「什麼是知識？」的問題聽起來可能很愚蠢，你可能會說「知識」就是你知道的東西。但是，我希望你能了解，沒有這麼簡單。

澳洲的研究者兼思想家比格斯（John Biggs）建議，另外以一些方法來定義深度學習。比格斯認爲，在最高的思考層次上，學生可以看出某個東西如何融入大概念裡，將問題和論據拆開來，適用一般原則到答案上。他們可以比較想法，解釋成因，並整合想法。但是，他們也可以將某個主題的想法和論點，妥善運用到另一個完全不同的事物上。他們可以從已經知道的事情上產生新的理論，然後想出各種方法來測試自己的假設。

幾年前，一個紀錄片拍攝小組將比格斯教授的想法做了有趣的呈現。在《教學之道》（*Teaching Teaching & Understanding Understanding*）這部紀錄短片當中，請丹麥一所大學的學生示範說明有關乳牛的知識。表面學習者可能會這麼說：「乳牛帶來牛奶，宰殺後帶來奶油、牛肉、脂肪和骨頭。」然而，深度學習者不會滿足於這種簡單的條列式方法，會更一步探索，甚至是發展出理論，說明乳牛爲何有不同的品種。她的解釋可能聽起來是這樣的：「牛是有蹄類家畜，屬於牛亞科動物。而在我看來，人類必定是牛隻多樣化的根本原因，因爲是我們選擇了不同的遺傳特徵，如拖曳、泌奶、肉質、大小和行爲等等。」⑥根據澳洲昆士蘭大學的研究顯示，以蚊蟲傳染病爲例，表面學習者可能只會簡單地「列舉四種蚊子」，而深度學習者可以回答這種問題：「請以熱帶蚊蟲爲例，討論如何判斷與比較所帶來的公衆傳染病之嚴重程度。」⑦

從蜘蛛到科學

在耶魯大學念大四的時候，雪兒・林（Cheryl Hayashi）找到一份餵食蜘蛛的工作。每天，她打開門躡手躡腳進入一間有如工業用大冰箱的房間裡，爲八隻腳的小動物餵食果蠅和蟋蟀當午餐。蜘蛛在那個潮濕炎熱的房間裡自由爬來爬去，雪兒小心翼翼地在蜘蛛網裡爲蜘蛛準備大餐。她對一名記者表示，那裡的感覺很像是「巴拿馬熱帶雨林」，受訪時的她正因開創性研究，獲得了麥克阿瑟天才獎。

她自己承認說，在大學裡從未遇過像香恩和大衛享有的經驗。她在夏威夷長大，選擇耶魯大學的部分原因是期盼那裡的學生來自四面八方，另一方面是「想離開這個島，因爲所有公路都會繞一圈回原點」。的確，她遇到了來自每一州、社會各階層和許多國外的學生。回顧那些歲月，她最常提起的是珍貴的多元文化，還有各式各樣的意見觀點挑戰著她的思考。這些關係給她充分的機會與同學交流想法，她珍惜這樣的對話。她坦言：「進耶魯大學這種學校的一項優點，就是周圍都是很有成就的人，他們不斷挑戰你的思維，好奇心更是具有傳染力。」

在這種環境中，她認眞地看待起「人生的模糊性」，體悟到不一定都會有最後的答案。她第一次掌握到這種觀念，是在觀察到同學常常對藝術作品有不同的反應，但是隨著時間流逝，她開始使用這種觀點來了解自己和主修的領域。「我了解到自己是某些歷史條件的產物，塑造我的行事作風，以及如何看待世界。人人都是獨一無二的，都是自身歷史的產物。」

雪兒到耶魯大學時，對於學習具有廣泛的興趣。她記得：「我和朋友會按著課程表仔細讀過，將要選修的課程畫起來摺頁。我不認爲大學是爲了職業培訓才設立，而是一種探索與學習的機會。」她沒有想去醫學院，「但是除此之外，我不知道人生該做什麼，我只是想滿足我的好奇心。」對於這名未來的麥克阿瑟獎助金得獎人，學習是指「發展批判性思考與創新能力，增進讀寫演說技巧，了解如何將知識化爲寬闊的視野，以及知道如何尋找資訊」。學習，不是指「記住東西」而已。

雪兒的外語和化學問題最大，但她不斷努力。這位未來的科學家從失敗中學到很多東西，總是試圖理解哪裡出錯，以及下次要如何改進。她觀察到：「在做實驗時，失敗顯得極為重要。每一次事情不如意料之時，便有機會學到東西。」

當大一新鮮人的時候，雪兒修了一門「大開眼界」的課程，是少數大一生能夠享有的經驗。大多數人在一般大學入門課程上，很少遇到需要太多思考的時候，通常是教授端給大家一大盤準備好的資料來記憶背誦，從未跟大家說明這些美味的餐點如何料理，為什麼大家要相信這些東西，以及人們該如何處理壞問題。入門課程鮮少提供神祕推理的機會或挑戰，而是得在考試前將一切塞到學生的腦袋瓜裡。一般而言，學生極少了解到自己的學門如何提出與回答問題。他們不常檢視複雜棘手的問題，或是聽到有人這麼做。雪兒極為幸運，她有機會選修到通常保留給高年級學生的演化生物課。

她回憶道：「我們探討一個核心的問題，生命在哪裡起源，為何與如何隨時間而改變？」雪兒向來是個好奇寶寶，父母喚她叫「大象的耳朵」，因為她老愛聽大人談話。她很好奇世界上有無數種動物，不論是在夏威夷家鄉的野外，或是她收集的一批絨毛玩偶。她回想道：「童年的時候，我會為布做的小熊、老虎和其他動物辦茶會，還告訴父母，我得把食蟻獸放在窗口呢！」難怪，探索生命起源和歷史的課程讓她著迷不已，她提起：「當我還是小女孩時，也問了相同的問題，為什麼這棵樹長這樣子？我們從哪裡來呢？」

那扣人心弦的十五週裡，她聽了一系列科學家講解，如何從化石紀錄、DNA研究和其他方法檢視證據並推導結論。「我們沒有時間機器，所以該如何知道發生了什麼事情呢？」什麼是科學證據呢？藉著一次又一次的推論，教授達成最合理的解釋：有了手中的化石紀錄，該如何做出結論，而有了結論之後，又該如何解釋此項證據呢？最後上課很像是推理小說的高潮，就是讓瑪麗·安·霍普金斯、香恩·安柏斯特和黛柏拉·哥德森著迷不已的故事中，當無所不知的偵探揭開一切證據，指出兇手的那一刻。此後每一堂生物課，雪兒都會問自己手中握有什麼證據，又是如何知道這一點。她表示：「我以歷史學的方法來研究生物學，試著理解生命是如何進化和改變。」

不過，在耶魯大學，不管是這堂課或其他事情，都沒有給她太多對付壞問題的經驗（也算是對學生的好處之一）。她並沒有機會接受本門學科的淬煉，去追求並衡量證據，直到大四時才有機會，然而也是很有限的基礎而已。當她研究蜘蛛時，她完成一份畢業論文，不過她表示：「那只是一篇比較長的期末報告而已，我還是不了解研究的眞諦」。去圖書館時，雪兒看到有關生物學各層面的書籍和文章多到難以計數。她記得曾問自己：「我如何做研究，找到新的東西呢？這麼多聰明的人寫了這麼多東西，這些聰明的人都在研究某項問題，而我能有什麼貢獻呢？」她最後做了決定：「我必須趕快離開圖書館，去做田野研究！」

機會來了！從耶魯大學畢業的那年夏天，她跑到巴拿馬做蜘蛛教授的助手，這是她頭一次親眼見到研究人員在田野進行觀察。他們提出問題，一串推論導出證據，再提出更多問題，回去做更多觀察。「我開始明白，這個世界有太多我們不知道的東西了。」

雪兒開始對這些原創性研究進行點點滴滴的了解。她指出：「我們無法剷平一切重來，所以必須想辦法知道發生了什麼事。然而，這不是關於我們已經知道的東西，而是如何提出新的問題與收集資料，以便更加認識世界與其運作之道。」你提出問題、做計劃、收集資料，「然後調整好去面對隨時都會出錯的狀況。」雪兒意識到自己加入一群學識淵博的傢伙，這個小群體的支持對於她眼前的工作至爲重要。她開始能和別人對話，跟其他研究人員討論收集到的證據；她也能比較觀點，重新架構問題。與這些學術夥伴溝通，成爲她處理複雜問題時不可或缺的部分。

在念大學時，雪兒從大一新鮮人五花八門的選課，轉而收攏重心，專攻未來一生的研究項目，但是她的探索也更深入穿透自然的層層肌理，到達未曾有人探索的境界。她指出：「後來我提出的問題，是大一新生時壓根也想像不到的。」在這過程中，夏威夷原住民意外讓她見識到蜘蛛生態豐富的一面，千百萬年的演化造出複雜多變的系統，若能破解這個八隻腳生物的祕密，潛力將源源不絕。不過，雖然獨鬥研究這種節肢動物，這位剛起步的科學家也向其他領域和學科廣伸觸角，用來建立研究中的問題和模型。她肯定地說：「我學到的一切，都影響我怎麼看蜘蛛。」於是，她成爲一名工程師、科學家、藝術家、歷史學家，這種科際整合的方式，幫助她以沒有人想像過的方法，來觀看蜘蛛與那驚人的結網能力。

她在耶魯大學完成了博士學位，到懷俄明州做博士後研究，最後到了加州大學河濱分校設立自己的實驗室。在那裡，她開始融合了生物學、系統發生學、生物力學與材料科學，一起來研究蜘蛛絲的歷史、設計、結構和功能。

從耶魯大學的第一堂生物課開始，她就對生命起源與型態變化的問題深深著迷，並且將研究重心放在蜘蛛進化和神奇的結網能力上。在過程中，她發現強度難以置信的材料。「蜘蛛絲的直徑是人類頭髮十分之一寬，但是每盎司的強度是等重鋼材的五倍，可以用來做什麼呢？」也許可以用來做防彈背心、具生物分解性的手術縫線，或是超級輕但堅固的運動服。她做的蜘蛛研究，極有希望徹底改變世界！

她總結指出：「我的一生中，擁有許多好運道。很幸運有時間和機會跟師長合作，不斷跟別人學到東西。」她也坦白道：「若是遇到態度很負面的人，不願意投資時間和精力在我身上，那麼情況可能大為改觀。」不過，還有一點也有幫助，「因為我很固執，永不退縮！」

這裡討論的深度學習者，他們學會靠決定與反思回饋來做出明智的判斷。他們進行原創性研究，提出問題，收集證據，然後做出結論。他們與朋友、教授和自己進行深入對話，想像沒有人想過的事情，以嚴謹的標準來測試自己的思考。然而，他們的進步不只是靠著經驗或對話而來，他們或許可以等到放牛回家之後再練習，但是如果沒有改變理解知識的方法，他們將什麼也學不到。你不是從經驗中學習，而是從反省經驗中學習。

6 如何鼓勵

克莉絲汀・諾芙（Kristin Neff）面臨一個難題。這位出身德州的年輕心理學家，正處於一個關鍵時刻，周遭的事情讓她感到焦躁不安。①因為在人生此刻，她這行正出現了新的爭議課題，喚起她的注意和興趣。數十年來，美國人一直視自尊爲邁向成功幸福人生的關鍵。心理學家一再以研究顯示，喜愛自己與讚美自己，在人生追逐幸福快樂的競賽上會帶來優勢。學者和輔導專家也不斷表示，自尊產生自信，有自信的人們會嘗試新事物，享受更大的成功。相對的，不喜歡自己與質疑自我能力的學生，更容易輟學，受到焦慮憂鬱所苦，一般動機也較薄弱。

美國文化向來推崇重視自我的價值觀。這個運動的一位大師曾高喊：「自尊對於人生每個層面，都具有深奧的影響。」口才便給的布蘭登（Nathaniel Branden）提出結論，認爲「所有的心理問題，不論是焦慮憂鬱、害怕親密或成功、家暴或虐兒等，皆可追溯到低自尊的問題」。另一位倡導此心理學派的人士則宣稱，「愛自己」永遠不嫌多。②

學校開始推動計劃，幫助學生提高這項可貴的資產。大學成功指南書裡常常包括這個部分，或多多少少提到一些學生應該愛自己的理由。許多方面，自我崇拜都深植於西方文化的血脈中，因爲西方文化向來推崇個人主義和對自我感覺良好的重要性。一群心理學家主張：「北美社會特別推崇自尊的概念，不僅高自尊本身就是値得追求的想法，更是所有正面行爲與結果的中心根源。」③

然而，有一小群研究人員開始質疑這種傳統的看法，克莉絲汀對他們的研究極感興趣。自尊這種神奇的自我概念，一定會有正向回饋嗎？會改變生命嗎？追求強烈的自我價值感，會付出何等代價呢？會不會傷害自我的其他面向，反倒造成弊大於利呢？有時候在人生裡，若是追逐某項特質，很可能適得其反，永遠也得不到。例如在哲學上，有個關於享樂主義的矛盾，主張若一逕追求幸福（只做感覺良好的事情），恐將永遠無法達到幸福。就像是在海邊游泳被捲進漩渦裡，越是奮力往岸邊划，越可能被捲進水深處。自尊是否屬於這種會越陷越深、令人越來越挫折的事情呢？

甚至，人生中到底有沒有可能增加自尊這種神奇的特質呢？事實上，大多數研究都顯示令人失望的結果。當克莉絲汀檢視相關文獻，並思考是否有其他特質可取代自尊這項爭議越來越大的特質時，她得到的結果不僅可供個人參考，同時也反映出本書受訪者的思維態度。克莉絲汀從研究文獻中推導出來的發現，將會根本改變我們對於成功與幸福之道的想法，也能對富生產力和創造力的大學生如何處理這些議題有所了解。

例如，我們可能會認為，如果學生對於學業表現良好與否發展出一種強烈的自尊感，那麼將會學得更多。但是不盡然如此，事實上越來越多的研究發現，將自我價值主要放在分數高低的人們，可能只會追求表現，而非以學習為主。記得第二章討論過，以表現為基礎（策略型）的學習者將重點放在課業肯定上（如獲得高分），相對的，以學習為重（深度取向）的人則想要了解更多，並會思考意義與應用性；而正是第二種作法，才是驅使富創意與生產力的人們的動力。如果學生的重點是提高成績來增進自尊，那為何該關心是否眞的了解或能創意活用呢？因此，研究人員指出，這些策略學習者通常會全心追求分數，而犧牲一切。④

然而，問題不止如此。將自我價值建立在分數的人，可能無法學到太多，甚至適得其反，無法得到渴望的高分。問題在於，如果是靠登上榮譽榜與否來評價自己，那麼任何測驗、報告或實驗等等會影響分數的事情，都可能帶來極大的焦慮緊張，自我價值感完全繫於學業成果。面對這種壓力，誰不會變得極度緊張呢？分數不再是成績單上的數字，而是對自我感覺的聲明。如果亟欲維持高自尊，又以學業成績來決定是否達成目標，那麼每次失敗或是表現平平時，都會威脅到自我看法與評價，結果越嘗試越緊張，害怕再度的失敗將會揭露自己不是一個有價值的人。⑤

這裡並不是說，看重自己會有害於成績和學習，遠非如此。而是說，企圖透過分數來**追逐**自尊時，極容易讓一切成爲競賽而引發焦慮，特別是學業競爭激烈艱巨之時。換句話說，若光用分數高低來評價自己，而非看品性好壞、學習深淺、努力與否，或對社會有何貢獻等，那麼極有可能麻煩就在前頭了。擔心成績的話，通常只會讓學生想著分數，而非想著好好學習，而若他們在所有課業上都只**著重表現**，同時相信作爲一個人的價值在於獲得高分，那麼緊張與壓力可能會大到讓他們不想學習，自然也無法得到高分了。

尊重自己沒有什麼壞處，若不尊重自己的話，可能會缺乏動機。同樣地，拿高分也沒有什麼壞處，而且在最好的情況下，拿A或滿分能反映出你學習到多少。但若是太在意分數，恐怕會引發一連串負面的發展，尤其是當你認爲班級排名可顯示出自己眞正的價值時。

前面提到，在變成負面社會刻板印象受害者的身上，可以看到這種過程。若是本身屬於一個族群，被認爲在某個學術領域中天賦不高，而自己又將該領域的表現視爲自我價值評斷基礎的話，那麼這種刻板印象將會造成極大的困擾，縱使個人並不相信此種刻板印象，還是會讓你落入這份刻板印象中，在壓力下眞的表現很差。若自己也擔心成績差會爲敗壞群體名聲，壓力恐怕會變得更猛烈。事實上，越是在意自己做得好不好，擔心會危及群體的社會形象，反倒可能表現得越糟糕，因爲壓力和焦慮太大了。

然而，這樣的反應不僅發生在負面刻板形象的受害者之間（在美國文化中，通常是指有色人種或婦女，但也包括肥胖、貧窮、「笨蛋」、醜陋的人，在某個程度上，幾乎涵蓋了每個人），研究甚至發現，當美國男性白人面臨負面形象時，也會出現類似的反應。克羅克（Jennifer Crocker）等人在一系列以大學生爲主的實驗中，顯示出這個現象。研究人員對一組美國歐裔學生表示，有一項測驗要測量基本能力。若是學生喜歡自己與否，是以課業表現好壞爲基準時，這種測驗似乎會測量出每個人自我價值的高低，由於擔心表現不好，許多學生反倒都失常了。但是，如果告訴同一組學生，測驗只是爲了要找出他們「解決問題的型態和作法，而不是在於答對幾題」時，結果大家的成績都提高了。⑥

社會科學家再三發現，若是給學生一份很難的考試，表示要測量大家智力高低或未來人生成功與否時，他們的表現一般會比把這項考試視爲是挑戰、遊戲或學習機會的學生更糟。⑦若是這些學生將自我價值感，與學業表現及「聰明」與否緊緊相繫時，想到有東西要評量自己天生的能力，他們更可能會感覺到巨大的壓力，也更可能會一敗塗地。若是他們相信人類的智力無法擴增，在面對很難的考試時，壓力會變得更大，結果適得其反。

近年來，針對大學生的調查一再發現，有許多人表示自己患有嚴重的焦慮、憂鬱和飲食失調等問題。在一家大型公立大學的研究發現，超過一半以上的學生有上述問題之一。⑧雖然不是單一原因造成這些病症，但是學者開始懷疑鼓吹高自尊，可能扮演一個重大的角色，文獻研究也出現矛盾的看法。顯然，低自尊會增加憂鬱，但是瘋狂自戀也有可能。當然並總是如此，但可能觸發情緒低落，例如你認為好成績相當重要，把高分當成定義自己作為一個人的價值，於是學校變得更加競爭，拿書卷獎益發不可企及，你一路上跟跟蹌蹌越發焦慮，也越來越害怕眼前有更多的失敗。擔心的時候，怎麼思考呢？這類情緒可能造成成績很差（或者低於預期），焦慮憂鬱便又接踵而至。你越在乎，一切就變得越糟。

克莉絲汀知道，過分強調愛自己的問題不止如此。在積極追求自尊這項珍貴資產之時，人們可能會目光如豆，只顧追求第一名而變成了大頭症，時時渴求別人的注意和讚美，或者變得自私傲慢，然而這些情況在本書受訪者身上並未看到。過度強調自尊，甚至可能變得非常暴力，相關研究已揭露暴力與自尊兩者的關係具有複雜的模式。看重自己的人未必會變得比別人更暴力，但若是愛自己到陷入極端自戀的時候，人們經常會變得更暴力。霸凌者通常把自己看得很高，不過，有勇氣反抗霸凌者的人也是如此，所以自尊這項神奇的特質並不能保證正面的結果。⑨

自視甚高不見得好，甚至可能讓人變得盲目或傲慢無知，而看不見需要改進之處。有的人自我感覺良好到無法認清自己需要學習，學識較少的學生，常對自己不知道的事情表現出極大的自信，也許在這份誇張自信的背後隱藏的是恐懼不安，不容許自己有任何失敗跌跤，因爲害怕會危及精心建構的自我門面。

若人們只在意感覺，而非可以帶來美好情緒的成就時，結果可能特別痛苦。他們困在一個無知的世界裡，無法承認自己有任何弱點，在黑暗中踉蹌獨行，不能接受指點或批評。他們感覺不到自己的能力、獨立性，以及與世界的聯繫感，反倒成了自我的奴隸。

他們甚至可能破壞自己成功的機會。當失敗導致人們質疑自己的價值，他們便會感到焦慮。爲了確保失敗並非個人責任，就開始編造藉口，甚至在工作未完成前，就先找好一堆理由。在這些時刻，人們有時會拖延，甚至破壞自己的工作，這樣就可以怪東怪西，而不用怪自己了。因爲他們把失敗看作是對自我價值的攻擊，所以只好連試都不試，覺得這樣才能保護自己。像這樣的「自我設限」會破壞主動性和創造性，通常是因爲不計一切代價追求自尊造成的結果。

還有極端的自戀狂可能會太過注重自己，而忽視或虧待他人。研究發現，在追尋保護自我時，有些人可能變得更偏見，看著別人受苦受難，自己就覺得好過一些。例如，最近在亞利桑那州立大學的一場實驗中，故意給予白人學生寫的文章負面評價，嚴苛的評論挑戰了他們對自己的看法，尤其是當他們將自尊與分數連結時。另一組學生則不加以評論，接著請兩組學生爲應徵工作的黑人打分數，理論上，平均分數應該差不多才對，然而得到嚴厲批評的學生給予應徵者更差的分數。同樣地，當黑人學生的作業也遭到慘不忍睹的批評後，他們對白人應徵者同樣打了低分。研究者表示：「在面對失敗或其他自我形象的威脅時，對其他群體的人表達偏見，可以給自己的自尊當墊背。」⑩

眞正的問題是，我們常常不清楚「自尊」的意思。這種本該是神奇的特質，以太多形式呈現，號稱是治癒人類心靈宿疾的萬靈丹。有些是來自眞正的成就，而有些則是虛幻不實。成就高的人普遍擁有自尊，但是有些毫無成就可言的人也會以此自傲。自尊會讓人感覺美好，也可成爲很棒的動力，但如果像吸毒者沉迷其中，可能會掉入陷阱，不斷地想向自己和別人證明自己的價值。

事實上，看起來正是追求這份靈丹妙藥才導致大部分的問題。克羅克和帕克（Lora Park）這兩位密西根大學的心理學家指出：「追求自尊時一旦成功，對於個人情感和動力上都有好處，但也有長短期的代價，這會讓人們無法滿足人性對能力、關係與自主等基本需求，反而造成自我管理不良和身心狀態不佳。」⑪

那麼，應該怎麼做呢？在一系列的研究和理論文章中，克莉絲汀指出三種主要方法。第一個是善待自己（self-kindness），不論是遇到失敗或痛苦，對自己抱持「仁慈與諒解」的態度和作法。對自己好的人，不會「嚴厲自我批評」。第二種方法是「人類共同體驗」，不管是面對痛苦或失敗，體認到別人也會經歷相似的事情，這都是人類的共同經驗。記得斯蒂芬・科爾伯特的勸告：「每當心碎難過事時，媽媽總是說：『以永恆來看待片刻的失望。』」最後一種方法是練習用心，養成一種習慣，正視「痛苦的思想感情」，但是不要「過度認同」。以上這三種作法，克莉絲汀統稱爲「自我同情」。

想想看你同情別人的情況，也許是朋友遭遇喪親之慟、受傷生病、看重的事情失敗了，或是犯了可怕的錯誤等。同情別人的時候，我們能夠了解、接受、甚至感受到他們的痛苦，而不會惡意批判。因爲在乎對方，所以不會忘記他們身上發生的事情，還會想要幫忙減輕他們的痛苦。若是對方做了錯事，也不會嚴加指責，而是安慰他們說沒有人是完美的，雖然得爲自己的行爲負責，但是以後一定能夠做得更好。同情自己正像如此，克莉絲汀表示：「自我同情……指能夠感受自己的痛苦並接受，不是逃避或切斷，並且冀望減輕自己的痛苦，善待自己以求癒合。」她接著指出，這也意味著「對自己的痛苦、不足和失敗抱持諒解而非批判的態度，將個人的得失成敗視爲人類共通經驗的一部分」。⑫

自我同情不是可憐自己，若是這樣，會被困在問題中，無法正確思考。相反地，自我同情讓人可以退後一步，對問題採取比較客觀的作法。在練習同情自己之時，隨著體認到每個人（包括自己）不時會遇到痛苦、不足與失敗的打擊，因而對別人的同理心會增長。寬恕自己不是讓你再犯同樣的錯誤，若是你不斷捶打鏡中人，以爲這樣能讓自己回到正軌，可能會不思改進，只想保護自己免於受傷，漸漸忘記了要做得更好的決心，而輕易落入惡性循環。唯有當你用同情和理解來面對自己的行爲時，才有可能改變。克莉絲汀相信，要做到這些，必須變成用心的人，了解責情但不會太拘泥不化。她總結說：「用心是指意識均衡的狀態。」你清楚看見自己的問題，接受人生中出現的「心理和情感現象」；對於自己的感情「既不放縱，也不逃離」。⑬

最後，克莉絲汀說的自我同情，並不代表自我放縱，也不是苟且偷安的藉口。而是意味著要爲自己的行爲負責，並用心面對後果；自我同情要求的是對自己和他人的責任感。

這一切對你有何意義？在一系列的調查研究中，克莉絲汀等人發現，學習安慰自己會有豐厚的回報，與高自尊一樣但沒有附帶的缺點。懂得安慰自己的人，一般比較少受焦慮所苦，對自我的生命承擔起更大的責任。他們情緒更加平和，心智更加開放，也不會因比較而造成偏見。較能自我同情的大學生，比較少遭遇到焦慮和憂鬱等問題，對自己和自己的生活更加滿意，從為學習而學習中得到更多樂趣，避免被膜拜高分的陷阱所困。他們知道如何盡情追求目標，當事情不如預期時，也能瀟灑走開，不帶遺憾。因為他們會有新的目標，知道如何應付失敗；他們從經驗中學習，而不是故意忽視或害怕失措。⑭

自我同情

克莉絲汀在知足的人們身上發現的特質，在高生產力和創造性的人們身上也有。事實上，可以從本書受訪者的人生經歷中，看到自我同情如何展現在各個層面上。在這些人的語言和生命中，他們展現安慰自己的非凡能力，了解自己與社會人群相連不可分割，並誠實面對人生。以克莉絲汀所說的自我同情能力，讓他們成功跨過人生中的高峰低谷，促使創造力蓬勃發展，較少受到焦慮憂鬱分神掣肘；同時自我同情的能力也讓人胸襟開闊，擁有更寬廣的觀點和態度，包括對別人的同情心和同理心。本書採訪的對象不是著眼於自己，而是在社群團體上，在這些更廣闊的關係中找到人生目的。他們明白自己與世界相互依存的關係，並且不斷灌溉呵護這些聯繫。

他們爲個人成長設定了高標準，但不會憂心忡忡或不顧一切想贏過別人的瘋狂追求。本書受訪者在尋找人生意義與目標時，發現了極大的喜悅。因爲自己有定見，所以容易接受批評，用來幫助個人成長。他們勇敢面對自己的人生，甚至是悲劇，並找到方法利用這些經歷來加強、啓發、刺激和引導自己。其中有幾名受訪者以莊嚴肅穆的態度，跟我聊到生命中大起大落的時刻，讓我震懾不已。有時候，他們以宗教傳統和說法來滌清那些感情、態度和作法，有時候則改換不同的方式。斯蒂芬·科爾伯特的建議是：「繼續努力，不過不用擔心。」他強調：「你們中間有誰能用擔憂增加一個小時的生命……或是一公分的身高呢？」這些人不是追求自尊，他們尋求的目標是超脫自己，關注他人；自我價值感來自這些投注，但那永遠不是他們的目標。

諒解

「我念大學的時候，姐姐自殺了。」這天下午，伊麗莎・盧（Eliza Noh）平靜地說道：「她在休士頓念大學，而我當時在哥倫比亞大學念大三。」伊麗莎和姐姐在休斯頓西南方一個富裕的郊區長大，他們家有深厚的文化底蘊，父親來自韓國，母親來自越南。兩人一起移民到美國，在這裡生下兩名女兒。艾麗莎的父親當了醫生，一家人在德州舒格蘭（Sugarland）過得很好，當地的亞裔社區雖小但不斷成長，他們對孩子的學業成就相當自豪。

伊麗莎回憶道：「我們面臨很多壓力，需要努力拚到最高分。姐姐承受最大的壓力，因為她是長女。伊麗莎在高中時先修 AP 課程，全心全意要拿第一名，最後以全班第二名畢業。伊麗莎說道：「我記得爸爸和姐姐之前，老是不斷為她的學業表現爭吵。我通常只求場面控制住就好了，因此學會了冷眼旁觀。」

父母想要女兒得到最好的，這意味著進入榮譽榜、擠進名校、最終進入醫學院，然後當醫生賺大錢，這樣才有經濟保障。她坦承道：「我因追求最高分而筋疲力盡，因為身爲美國亞裔，我們得做好少數族裔的模範，也就是成功人士。」她眞的成功了——至少在成績上。一年又一年，伊麗莎贏得高分、榮譽、AP學分，成爲高中畢業生致詞代表。一切所需的派頭，她統統都有了。

伊麗莎也有強烈的好奇心，家人朋友有時叫她「會走的問號」，因爲她逢人老是問個不停。然而整個高中期間，她從來沒有享受過發現新東西的純粹喜悅。她表示：「我想我錯過了很多，因爲我只在意分數而非學習。」她也老實說，自己很少看課外讀物。

高中畢業後，她去紐約念哥倫比亞大學。之所以選擇哥倫比亞，「很大的程度是爲了逃脫。」在大一時，她開始發現一種不同的教育環境，一個充滿腦力激盪，而較少競爭的地方。然而，舊的習慣和方法根深柢固，如影隨形，揮之不去。她用早已練就的讀書方法，繼續拿高分度過大一生活。然而，哥倫比亞是一個不一樣的地方，這裡的校園文化開始改變她策略學習的作風。她回憶說：「在高中時，大家都一心一意想擠入最好的大學，但是哥倫比亞是一個充滿想法的世界，我遇到了眞正關心學習的人們。」

念大二時，已經開始傾圮的學習之牆，終於在修了一門課後徹底瓦解了。這堂課原本是爲了滿足通識要求的選修課，但卻成爲她通往深入學習的大門。課堂上提出她覺得耐人尋味的重要問題，有時甚至是美妙的問題。伊麗莎回想起：「這堂經驗眞的讓我眼界大開，人生第一次我了解到，學習可以只是跟我、我的興趣以及我是誰有關而已。」這門課探究社會權力：誰擁有權力，又如何使用權力？人生中的不同角色，如何影響自己擁有的權力？性別、職業、種族、性取向或社經地位等，如何影響自己可以行使的權力？當角色變化時，權力又會如何變化？

伊麗莎在探索這些問題時，心思泉湧，引發更多的探詢。如果有些人擁有更多的權力，代表每個人並不平等，那如何維持民主社會呢？人們如何運用自己的權力？沒有權力的人該怎麼辦？她意識到在某些情況下，她對其他人擁有巨大的左右力量，然而有些情況下，她則毫無力量可言。

伊麗莎在課堂上越來越踴躍發言，她提出問題和發表意見，並將這種習慣帶到其他課堂上，讓她蛻變成有深度學習意圖的學生，也改變她學習一切事物的方式。她念書時，會專注在課文上，在空白處寫筆記，提出更多問題，進步到可以反對立場來思考。她不再只是依循考試高分寶典，一切都是從她對世界的日益好奇與著迷中油然而生。「我對性別階層的想法，帶領我去探索不同族群有不同階層存在的現象。」她注意到，從書中念到的人物都是男性（從柏拉圖到總統），而且大都是歐洲背景。亞洲人、美國亞裔和女性，幾乎完全沒有提及，這激起她去追問爲什麼。

她整個的教育方法開始改變了。她指出：「我一向都會問很多問題，但在高中時，我只有想到分數，沒有意識到自己是多麼喜歡批判性思考、追根究柢以及深入推論的精神和方法。」她迫切想擺脫爲書卷獎讀書的慣性，學習讓她在知識追求上更加滿足。「高中時，我從來沒有想過教育是個人的事。」當時，她以爲那只是她爲了得高分參與的比賽罷了，自從上了這門談權力的課之後，「我不再只是聽課而已，開始學會用個人的經驗當作跳板，提出各種問題，並會針對特定的概念追求學問。」

這門選修課程讓她看見了從來不知道的世界，包括現代的血汗工廠，將男女工人擠壓在狹小的環境裡，她還曾以爲那只是屬於十九世紀最黑暗的日子而已。這激發她去檢視政治和社會思想，同時開始視教育爲非常個人化的事，也關係到她的信仰、價值觀、行爲舉止，以及腦海裡揮之不去的問題。

伊麗莎積極追求自己的教育。她會尋求意義，並思考其含義、應用和可能性。這個從德州舒格蘭來的年輕女孩，開始追問人生的大哉問，並綜合各科學識來尋找答案。她看書，思辨證據和論據，然後尋求與個人的關聯。她和朋友發動遊說，請哥倫比亞大學教務處開設有關美國亞裔事務的課程。校方長期以來都強調西歐傳統，並要求每個學生通過一門核心課程，注重西方社會的政治、社會、知識和藝術的發展，包括古希臘哲學家，到現代的思想家和重要角色。學生每週念五到六本書，準備到課堂上討論想法，然而這些都未觸及美國亞裔的傳統和經驗。伊麗莎想要學到更多，日益渴求傳統教育欠缺的東西。最後他們成功遊說婦女研究部門聘請兼職講師，提供美國亞裔歷史的課程。伊麗莎控制了自己的教育，找到強大的內在激勵因素，點燃了自己的人生。

接著，恐怖的那夜來了，姐姐死了。之前，伊麗莎跟姐姐通話寫信，擔心她的憂鬱症發作越來越頻繁。她後來對一名記者說道：「我對她說支持她，也鼓勵她。」⑮但是所有鼓勵的話都沒用，她的姐姐患上美國亞裔女孩日趨氾濫的流行病，結束了自己的生命。⑯「很長一段時間，我都處在否認與震驚當中，」她坦承道。葬禮之後，她又回去上課，彷彿沒有發生什麼事般。「我試圖繼續前進，想要像以往一樣，在姐姐和爸爸吵架時保持距離。」然而，思念揮之不去。

隔年要開始寫大四畢業論文時，伊麗莎決定探討美國亞裔年輕女性的自殺問題，想要了解成因和後果。然而在做研究時，一股深深的悲傷往她心中漫開。她對我說：「我情緒崩潰了，沒法完成論文。」在求學過程中，她曾遇過幾位老師重視她，也很關心她，在這人生關鍵時刻，這樣的一個人出現了。「她接受我當時的進度。雖然我後來發表了那篇論文，也變成我在田野研究方面的基礎，但是當我無法完成、拿不到學分時，有一個關心我的教授，她懂得我經歷的難受痛苦，而不是只會把我當掉。」

聽著她的故事，有兩大因素浮現。首先正如她指出的，唯有停止將姐姐的自殺看成是個人悲劇，而改放在更大的社會與政治脈絡來看時，她才能好好正視與面對姐姐的死亡。一旦她了解這是「人類經驗的一部分」之後（如克莉絲汀指出自我同情的三個關鍵要素之一），她才可以看清所謂「模範少數族裔」的想法，在他們家庭悲劇中扮演的深沉角色。美國社會長久以來形成一種正面的刻板印象，認爲美國亞裔十分聰明，尤其是數學特別厲害，這種觀點不僅變成一種外在動力（也可能減少內在動力），同時也成爲一種巨大的壓力，有時候變得難以承受。就像許多美國亞裔的家庭，伊麗莎的父母在不知不覺中成爲這股社會力量的推手。

她也能理解，有更大的社會元素驅使姐姐痛恨自己的外表，想以整型手術順應潮流，以爲歐洲模特兒與外貌才是美麗的標準。伊麗莎告訴記者說：「姐姐想要的標準美貌，就是模仿白人女性。」當伊麗莎明白背後有更大的力量作祟後，她可以好好正視自己痛苦的想法和感情，而不是陷入其中難以自拔或加以壓制。伊麗莎總結說：「直到我開始研究美國亞裔女性自殺的社會根源之前，我都在拒絕已經既成的事實。」

當她發現學習和批判思考的喜悅後，戰勝了所有「拿高分」的外在動機，讓她擺脫那些令人窒息、減少生活樂趣的壓力。她找到內在的喜悅，讓自己能夠平靜祥和。而內心深處的寧靜，反過來讓她有力量善待自己與他人。她對社會和民衆的認識和了解，是融合了各種不同的角度，而非來自單一學科訓練，這讓她能夠理解並面對生命中艱難的時刻。

在情緒崩潰後，伊麗莎從哥倫比亞大學休學一個學期，後來又回來修完學位，以榮譽生畢業。但此刻學業成就對她一點也不重要了，她對自己的工作找到更深的意義，她學到更有同理心，也更能自我同情。「高中時，我不擅長面對失敗，因爲我全部的目標就是得到好分數。如果沒有的話，我眞的會對自己很壞。」她承認道：「我太想拿第一了，沒有意識到其實最大的滿足，是來自於提出問題和批判性思考。」

哥倫比亞大學開啓了轉變，她對失敗的想法也改觀了。「從前，我是那麼在意當第一名，現在，學習對我來說已經不再是成功vs.失敗，而是一個過程，是不斷的學習和成長，而非一直測試自己的成功或失敗。」帶著這份轉變的觀點，她繼續到加州大學柏克萊分校求學，在那裡獲得了民族學博士學位。此後，她對美國亞裔女性的自殺問題進行了開創性研究，了解奪去姐姐生命的緣由。

自我安慰和創造力

鄧肯．坎貝爾（Duncan Campbell）隨著兩名酒鬼父母長大。三歲時，有一次他跌跌撞撞地尋找父母，後來警察才在一家美容院找到他們。他記得很小的時候，家裡還有自己的房子。但是隨著父母越陷越深，父親又進了監獄後，家裡的狀況每下愈況，只得搬進更差的房子，位在奧勒岡州波特蘭市的低收入和高犯罪率地區。

由於童年常受到醉醺醺的父母的忽略，孤單的時刻讓他學會了自我安慰的要素，包括認眞思考困境的能力，而不是壓抑這份情感。他表示：「八、九歲的時候，我做了一個明智的決定，絕對不要像爸爸媽媽一樣。接下來二十年，我所做的一切事情，都是出自於這項決定。」然而，這項決定取決於他正視人生處境與保持平衡的能力。面對這一切，他不是將它掃到心靈一角，也不是深陷其中無法自拔。

這名未來的百萬富翁兼慈善家當時是一個「小」孩子，「是高中美式足球隊中最矮的一名隊員」，但是他擁有莫大的好奇心，在童年寂寞的時刻，他藉由對世界的著迷好奇來安慰自己和學習。他坦承道：「我有小聰明，但又十分天眞。因爲你的世界是如此小，你不一定知道自己不知道的東西。」十歲時，他發現了公共圖書館，最後他把運動類的書籍都看完了。他也發現四處林立的藥妝店，在那裡買到了漫畫和運動類書籍。他表示：「沒有人告訴要我這麼做，但這就是一個人的好處。」鄧肯也迷上了拼圖，在孤獨的夜晚，有時候他會找一部電視播放的老片來看，然後一邊坐在地板上拼圖，思索手裡的拼塊應該放在那裡，而這些小拼塊好比是他日後人生裡遇到問題的各個部分。他也很喜歡玩填字遊戲，享受推敲思索的快樂。

因爲貧窮的緣故，鄧肯在成長過程中面臨極大的歧視，這種經驗爲他帶來刺痛難受的感覺。當孩子遭受偏見攻擊時，經常會反過來欺負別人，找情況比自己更差的人下手。遭遇不公平待遇的人，並不一定會關心社會的公平正義，但是鄧肯做到了，也許是因爲大家懶得告訴他，美國社會文明之下隱藏著醜陋的種族主義，也許是因爲他在自我安慰中能夠知足感恩。從童年的成長經驗中，讓他不可自抑地想去幫忙別的孩子克服所面對的歧視。他曾經解釋說：「我對任何遭遇歧視的人，都會產生極大的同理心。因爲，來自一無所有的家庭，我自己已承受過太多了。」

鄧肯的人生有一個目標：避免像父母一樣。「若是熟知酗酒者的成年子女相關文獻的話，會知道大多數的正面特質在於創造性和善用資源，可以從生活中學到許多技巧。」從這番話可看出，他能夠從自己的問題退一步來思考，從較大的社會脈絡來觀看。在這些艱難的時刻，讓他磨練出創造過程所需要的基本要素，之後在奧勒岡大學當法學院學生時又更加淬煉一番。他總結道：「對我來說，創意是用從未用過的方法，重新安排既有東西。」這種能力先是從他童年時的實際生活磨練出來，他開始思考有哪些選擇，並探索各種可能性，然後在替代方案中做出選擇與行動。他學會從經驗中汲取教訓，並專注自己能做到的事情，而不是無法做到的事情。他觀察道：「有太多人把過程縮短，常常還沒有採取行動，就喊停了。」

社會給他一些需要的拼塊，例如圖書館和學校，還有街頭巷尾及健全的經濟環境，但是他得想辦法善用這些資源。他挨家挨戶上門推銷東西賺點外快，從種子到雜誌什麼都賣，湊到足夠的銅板，便用來購買運動體育和益智書籍。他解釋說：「孩提時代我從來沒有零用錢，所以一定得自己掙點錢。」

在學校的時候，他非常認眞。「我知道我一文不名，所以希望有好成績，這樣才能有立足之地。」他試圖跟上大家，因爲落後會是一場災難。他承認道：「我不是熱愛學習，或是渴望長進知識和有創造力，純粹想求取表現而已。」上德文課的時候，每次小考他都滿分，因爲他就是靠背誦，而這點他又很在行。然而眞正考試的時候，要求的是活用語言，快速記憶法讓他無法實際應用，最後他拿了D的成績。

他大部分的成績都很高，但極少有課程能眞的挑戰他動腦筋思考。然而，這種策略性讀書法開始一點一滴的瓦解，有時候純綷是偶然。高中有堂英文課要求大家念一本小說，他就去找最輕薄的一本，從書架上挑出由約翰．史坦貝克所寫的《人鼠之間》（*Of Mice and Men*），結果讓他無意中發現了這位美國偉大的作家。鄧肯回憶道：「這是我第一次讀到的好書，我開始看史坦貝克寫的所有東西。」

大學時，他先到波特蘭州立大學，後來又到奧勒岡大學。「我主修平裝書！」他開玩笑說，因爲他繼續到藥妝店或福利社買書，挑選自己有興趣的書來看，而只有少數課堂會讓他覺得有挑戰性，或是能激發他去思考。在大一的作文課上，他學會仔細衡量證據和理由，推導結論來支持主張。雖然有些是他從生活中自己學到的，但這是頭一次有老師要求他以寫作表達思考。

在大學裡，他有機會設計一門課程。他回憶道：「你可以自己設計一門選修課，當時有個律師教商業法，我問他是否能針對一個主題，選擇範圍念書再來討論。老師會先建議讀物，然後我們一起討論個把鐘頭，這是我大學時上過最棒的一堂課了。」只有到了念法學院時，他才終於遇到有系統的教育，挑戰他進行批判思考，衡量所有選項和證據再做決定，最後將自己的推論寫出來。

最後，鄧肯成了律師和會計師。他先在一家會計師事務所任職，「主要做稅務工作」。後來，他成立一家投資林木業的公司（「從未有人這樣做過」），叫作坎貝爾集團（Campbell Group），賣給在紐約證券交易所上市的一家公司後，賺了數百萬美元。這些財富讓他能夠做一直想做的事情：幫助孩子。他解釋說：「我去上法學院，以爲這樣一來便可爲正義而戰，卻發現那只是爲了追求輸贏罷了。」在掌握穩固的經濟來源後，他創辦與資助了公益中心，最後變成美國最成功的慈善事業之一，幫助貧窮的兒童克服貧困帶來的沉重負擔。他建立了四大協會來解決這些孩童面對的問題，包括少年資源（Youth Resources）、兒童課程（Children's Course）與兒童研究所（Children's Institute）等，不過主要的計劃是兒童之友（Friends of Children），聘請專業全職老師從孩子五、六歲時開始輔導，直到高中畢業爲止。每個老師輔導八名兒童，每週每人至少四小時。跟其他輔導各類兒童的計劃不同，兒童之友只針對最棘手的輔導個案，包括極爲貧窮、有嚴重行爲及情緒問題的孩子。這個輔導計劃獲得驚人的成功，雖然這種背景出身的孩子通常會輟學，很早便遇上法律問題，容易在青少年時期便生養小孩，但是在輔導案中絕大多數人都完成了學業，沒有惹事生非，也避免提早當父母，很多人上了大學。爲了表彰鄧肯創辦這些輔導協會的貢獻，羅伯特伍德強森基金會（Robert Wood Johnson Foundation）頒發目標獎（Purpose Award）給他，該獎是爲表彰「用心解決難解問題」的人士而頒設。⑰

鄧肯從坎坷的童年和從沒眞正享受的正規教育中，蛻變成過著高生產力、富同情心和創造力的人生，有三項個人要素幫忙塑造了這個旅程並決定了成果。第一，他有永遠不滿足的好奇心（「我向來是好奇的猴子喬治！」），他最主要是從街角的藥妝店購買平裝書來餵食自己，他看書聽音樂，並體驗人生。從大學畢業後，他開始旅行，先是從奧勒岡到洛杉磯，然後向東到阿拉巴馬和喬治亞，向北到紐約，最後到了歐洲，有時沿途會打零工。第二，他學會安慰自己減輕苦痛，並在困難的時刻舔傷自療。第三，他採用貝克老師給學生們的建議：從自己的人生中汲取教訓；體認到自己的獨一無二，並利用這些難得的特質來創造別人想不到的東西。他最近表示：「我無法奢求過別人的童年，然而我現在十分感恩，因爲這一切給我機會做自己喜歡做的事情。」從波特蘭最窮困的地區、最困難的生活中，鄧肯展開了自己的創造過程。

法學院和教育過程中的某些部分，幫助他鍛鍊批判性思考的能力，但他還是不喜歡正規教育，他解釋道：「也許，我做不到完全放棄策略性作法。」他遇到的教育系統大都是爲學生打分數，而非試著幫助學生成長。在許多學校裡，學生不斷被測試，彷彿教育存在的目的，是爲了淘汰學生，而不是培養學生的才華。鄧肯和本書受訪者之所以會成長茁壯，是因爲他們最後找到了能夠創造與成長的道路。當鄧肯年紀稍長時，他在哈佛大學修了一門課，沒有學分也沒有分數，只是提供成長的機會。他神采飛揚地說：「我眞的享受這個經驗，他們對待你不像是一攤污泥。」

遠大的目標

新加坡坐落在東南亞馬來半島南端，由六十三座島嶼組成。這個城市國家欣欣向榮，成爲亞洲文化和世界文化的大熔爐，生長在這個多國語言的環境裡，吳梅溪會講英語和兩種中國方言（包括普通話）。她也會講泰語，後來又學了西班牙語和法語。在她很小的時候，因爲父親在西北大學念傳播學博士，於是一家人住在伊利諾州埃文斯頓三年。後來回到新加坡，她的父親從事家庭諮詢和領導力培養的工作。

十歲的時候，梅溪學習體操，每天得訓練三、四個鐘頭。但是高中時，不慎摔傷背部，讓她不得不停止，她面帶微笑回憶說：「不過，這反倒給我機會去探索其他領域。」生長在這個海島城市，父親有一個很大的朋友圈，他們自稱爲「老鷹」，孩子們就互相成爲玩伴。這個名字古怪的團體以基督教信仰爲基礎，強調謙卑並承諾「互敬互持」的共同願景。

她提及：「我在友誼的圈子包圍下成長，大夥總是在一起，所有的事情都與團體息息相關。」他們學會彼此關心，追求群體裡面的公平公正，同時也向外觸及更大的世界，大人總是不斷強調這點，「我們對其他人具有強烈的責任感。」

在她十一歲時，媽媽將她和弟弟送到印度的貧民窟，幫忙比較不幸的人。第二年，他們又去緬甸幫忙。她表示：「我比較幸運，但是我看到了世界對其他人的不公平。」這些經歷讓梅溪留下深刻的印象，但她看到的不公平不只如此。高中時，她和老鷹們一起到泰國上學，並和一名泰國女孩成爲好朋友。吳梅溪說道：「她是我最好的朋友，她喜歡學校也想念書，但是有一天，父母把她賣給人家當新娘，因爲他們需要錢。那時她才十六歲而已，我試著籌錢將她贖回，但是失敗了。」

這件事情太令人震驚了，可能會讓人憤怒或憂鬱。然而就梅溪而言，這件事引發她高昂的鬥志，她渴望解決教育不均衍生的社會問題。她最近對記者說：「這是一個非常痛苦的經歷，讓我對不公不義有了切身之痛。發生在朋友身上的事，總是在我腦海裡揮之不去。」受到朋友悲慘遭遇的影響，她決定到西北大學主修教育與國際問題研究，副修傳播科學和障礙。在高中時，她的成績「總在中間徘徊」，然而現在她念書懷抱的是更高遠的目標，所以經常拿書卷獎。她告訴我說：「我不認爲自己天資優異，但是我認眞全心投入。」

更重要的是，她對一切所學的東西採取深入作法，並且尋找方法將湧現的想法付諸實踐，她學會了組織和行動。甚至早在念高中時，她便主導了一場大型會議，幫助年輕人解決個人問題，之後共同創辦了「琥珀行動」（Amber Initiative），這個國際組織在東南亞推動，倡導「以全球青年運動來維護人類尊嚴」。該組織為「新加坡弱勢青年」創設監督計劃，同時為印度加爾各答「住在紅燈區的兒童舉辦美術比賽」，⑱希望藉由增加世界各地的教育機會，來終止人口販賣的悲劇。

在抵達埃文斯頓後，她共同創辦了國際研究協會（International Studies Association），他們還辦了西北大學版的世界盃，最後變成伊利諾大學裡「學生主辦的最大運動錦標賽」，致力於以運動「作為各個文化間的橋梁」，並幫助學生了解校園裡豐富多元的文化。每週一次，她會輔導學童與指導特別奧運會的游泳選手。

她還設法凝聚群體情感，共同推動大學課程的改造運動。她對一名學生記者解釋道：「我們真心希望讓公民參與成為西北大學的一種價值，一種我們共同擁有的東西。」梅溪與其他學生合作，共同創建西北大學行動聯盟（Northwestern Engagement Coalition），這個超然的機構致力於協辦活動，並與所有推動公民運動的團體合作。聯盟剛成立，馬上發起一人一信活動，鼓吹學校改選校長，盼能透過學校課程與課外活動推動公民參與。

除了這些努力，還有一個最重要的目標，不斷驅策她奮力往前。她想要促進世界各地的教育機會，在大三那年，她得到環宇俱樂部基金會環球世界旅遊研究獎助（Circum-navigators Club Foundation Around-the-World Travel-Study Grant），讓她可以走遍世界，拜訪邊緣地區的學校。「我希望找出有用的方法，才能更明白應該如何行動。」她的教育專注在一個更遠大的目標，從來未局限於教室內或一門課而已。

韌性

當芮娜（Reyna Grande）兩歲大的時候，父親離家到美國找工作。像墨西哥許多年紀相仿的男子，家鄉窮到令人窒息而無法忍受，於是長途跋涉到美國尋找更好的生活。芮娜回憶道：「我們村子裡常常鬧水災，我們會逃到小茅屋的屋頂避開節節上升的水，以及漂浮的動物屍體。」

她的爸爸打算賺夠了錢就返回故鄉，但是從來沒能如願。相反地，他成爲推動美國經濟成長的一員，這些急欲找到工作的墨西哥移民，只能靠低薪勉強糊口，又不斷擔心受怕會因爲非法入境遭到遣返。芮娜的爸爸雙手靈巧，又會做水電工，因此找到一家復健醫院當維修工，每年辛苦掙得一萬五千美元。

四年過後，他接太太到美國，但芮娜和哥哥姐姐繼續待在墨西哥，和奶奶住在一起。他們沒有合法的入境文件，也許父母也會擔心孩子在邊界被捕。她回顧道：「當我再見到爸爸時，他已離開了八年。」

剛滿十歲的時候，爸爸終於來接孩子了。芮娜和兄姐跨越邊界，與父親會合，然而此時父母已經離婚又各自嫁娶，她回憶這段日子說道：「這眞是令人感傷，我們原來在墨西哥的家庭已不復存在了。」三個小孩都跟爸爸與繼母住在一起，每個月只能見生母一次。

芮娜不會說英語，進入學校就讀後，老師把她安排在角落裡，由一名助教爲她翻譯。許多年之後她坦然道：「那時無法跟同學一起上課，讓我覺得很糟糕。」她主要是「靠大量閱讀」學習英文，高中選修英文爲第二外語課（ＥＳＬ）也有幫助。

她和哥哥姐姐在學校面對龐大的壓力，因爲父親對功課要求極爲嚴格。她回憶說：「他不斷威脅我們，倘若成績不好的話，就要把我們送回墨西哥。我的父親永遠不滿足，即使只是遲到一次，他也會暴跳如雷。」他告訴孩子，「在這個國家，沒有受教育的人是很難有成就的。」芮娜對於音樂藝術和任何能動手創造的東西都特別好奇，念初中時她加入樂隊，玩遍學校所有樂器，「我將長號、單簧管、小號等等，幾乎每件樂器都帶回家玩了。」她上美術課，曾經想過要當迪士尼的動畫師。每個星期她到公立圖書館，在青少年圖書區走一遍，然後借一本新書回家。她記得：「有許多書是關於金髮碧眼的雙胞胎，沒有什麼內容，但是因爲沒有人教我，我沒有看過比較認眞的書本，直到上大學之後。」

她的父親繼續用從復健中心賺取微薄工資來養家，但是隨著孩子長大，越來越難維持。當哥哥姐姐到了上大學的年紀時，她的父親辦理貸款讓他們去念書，然而兩人不到一年都輟學了。等輪到芮娜時，父親已經沒有錢也失去了耐心，他告訴小女兒得靠自己了，雖然她申請到加州大學主修藝術，他還是不願讓她去。

秋天停學後，隔年一月芮娜進入帕薩迪納學院（Pasadena College）就讀。然而，家裡的日子越來越難過了，她的父親已經淪爲會使用暴力的酒鬼，經常痛打孩子，而芮娜作爲最小的孩子，往往首當其衝。她提到這段往事：「他原本從不碰我的繼母，直到有一天，他把她打到送醫院。」警察趕到現場，將他逮捕。

多年後，當芮娜談到那個傷痛的日子時，總記得絕望是如何緊緊地籠罩住自己。她解釋道：「我如此害怕和孤獨，必須找個人說一說。」她去學校找英語教授戴安娜・薩瓦斯（Diana Savas）。這名老師在歐伯林學院（Oberlin College）念法國文學，後來在加州大學洛杉磯分校獲得應用語言學博士學位。她念過的書從來沒有教她如何面對這一刻，芮娜告訴老師自己的遭遇，她只簡單地說：「妳何不搬來和我同住呢？」

這句話改變了芮娜的人生。「她把我拉出不穩定的狀況，給了我一個新的家。」在這個環境裡，這名年輕的學生成長茁壯了。原本，戴安娜老師就非常欣賞芮娜在英文課上的表現，她鼓勵這名女孩成爲作家，還有離家上學。她建議道：「讓自己和家人之間，保持點距離吧！」

在苦難的磨練中，芮娜自我安慰的能力極爲強大。她解釋說：「我有雙重人格，一個芮娜很害怕，總是抑鬱不安，自尊也極低。但是，我也發展出另一個很強的芮娜，告訴我事情一定會變好。」這很像她日後得獎小說中的角色，她的另一個自我，是融合想像力、創造欲，和堅信自己一定會成功的產物。她指出：「我的眼睛看著未來，所以不必拘泥現在。我不停地告訴自己人生不會一直如此，所以我必須繼續前進。」芮娜開始堅信自己成長的能力，這份信念再加上她努力避免失敗以及內心創作的飢渴，成爲她工作的動力。「我的哥哥姐姐都輟學了，我要避免這種事。」

戴安娜老師的功勞很大，她幫助芮娜想像有朝一日或許可以利用自身經驗來寫作。因爲芮娜自己承認道：「我曾經認爲，只有白人才會寫書。」但是老師幫忙她改變這種印象，上課時她念了《重讀美國：批判思考和寫作的文化脈絡》（*Rereading America: Culture Contexts for Critical Thinking and Writing*），從這份文集和自己的讀書報告中，她發現了一個多元的文化風貌，這些聲音挑戰了她少女時代從圖書館和社會文化中獲得的流行印象。在家裡，戴安娜老師介紹她看拉丁作家的小說，像桑德拉．西斯內羅斯（Sandra Cisneros）的《芒果街上的小屋》（*The House on Mango Street*），這名作家用居住在芝加哥和墨西哥的獨特經驗，創造出文學瑰寶。芮娜開始想像，自己的人生也可以做同樣的事情。

在戴安娜老師的英文課上，芮娜還學會寫紀實文學，並發展出批判思考的習慣。她不斷問自己：「我有什麼證據？會得出什麼結論？在做出結論之前，我面對什麼樣的問題？該如何證明與支持自己的推論？」這些習慣日後對她的幫助很大，「我會思考一份報告好幾天，探討自己的論點和證據。當我坐下來寫的時候，一切自然源源而出。」

戴安娜老師幫忙她申請到學生貸款，她也成功拿到加州大學聖塔克魯茲（Santa Cruz）分校的獎學金，離她們家有六個小時的車程。「在洛杉磯，我住在幫派群集、險惡醜陋的地區。在聖塔克魯茲，不管心靈或情感上，我都獲得洗滌。在美麗的校園裡，我有自己的宿舍，可以走出房間呼吸新鮮空氣，不用再害怕有人會打我、罵我了。」在這種環境下，芮娜繼續成長，她主修電影研究和創意寫作，選修人類學的課，愛上舞蹈，並在樂團裡演奏薩克斯風。即使在帕薩迪納的時候，好奇心便已驅使她探索無數的領域。她的物理和生物都屬頂尖，也上了一門莎士比亞的課，只因爲她想知道到底在紅什麼，結果她比大多數同學都更讀得通官家詩人的伊莉莎白式英文。在聖塔克魯茲的時候，她繼續學習之旅，選修植物學是因爲熱愛園藝並想了解堆肥原理，學中文以便去探索另一種文化，上西班牙語重新找回母語。芮娜的數學不好，也覺得歷史課很無聊，太重視背誦時間表和日期，雖然她繼續大量閱讀歷史小說，也很喜歡文學上獲得的歷史知識。「我的興趣數也數不清，但我得提醒自己不要太沉迷。」事實上，她的胃口太大了，直到大三，西班牙語老師才建議她專心在寫作上。

芮娜爲了樂趣，也爲了療癒苦痛而寫作。在大四畢業作品中，她開始寫回憶錄，然而這卻是痛苦的經驗。不過，她發現若是變成小說，源源不絕的故事恰可釋放她的想像力和情感。當她描寫一位留在墨西哥女孩的生命時，這位新銳小說家可以翻轉檢視自己多年前的經歷，用在她創造出來的小說人物身上。「要創造這個像我的角色變得很容易，因爲當寫到痛苦的時刻，我總是這裡說那是她，不是我！」

寫小說讓芮娜對故事人物衍生同理心，進而將這份能力轉移到生活中。她剖析道：「身爲一名作家，我要了解一個角色的動機是什麼，我也將別人看成是人生故事中的角色。當有人犯錯時，我總是會看看是什麼原因造成的。」寫作甚至爲她帶來了解自我的能力，並且善用這份力量於人生，而非加以排斥抗拒。她的人生經歷充滿痛苦磨難，很容易就會淪爲憂鬱絕望，陷入自怨自艾的情緒中，或是痛恨造成自己悲劇的外力與人們，讓她無法自拔。然而，她整合運用了同理心、自我安慰、自我檢視、成長心態，以及試圖了解別人動機的習慣，開發自己內心的動能，打造出創意的人生。

然而，我並不是說這代表芮娜和本書所有受訪者，都是自己成功的唯一功臣，或是說她的故事證明了任何人都可以克服降臨在身上的不幸。當然，我也不想原諒社會建立那些不必要的障礙，或貶低結構性力量對於學生成敗的影響，而是想要了解這些最後獲得成功的人士，究竟是採取何種態度、觀念和作法，來面對令人憂鬱沮喪的經歷和困境。必須承認的是，芮娜和其他人都帶有一點運氣的成分，她有幸遇到一位充滿愛心的老師，又因爲普遍的公共高等教育而獲得機會和支持。縱使她父親施暴成性，然而他當年也在不停地努力，將孩子帶來這個國家，以便享有更好的機會，也不斷督促孩子們念書。

芮娜同時生活在對和錯的時刻。她在邊界的另一邊出生，而這道邊境是在她出生前一百多年劃下的。起初，這道邊境成爲小女孩想和家人團聚的障礙，但是在她父親違反法律，將她帶到洛杉磯的一年後，民主黨國會和共和黨總統給予三百萬人獲得合法移民身分的機會，讓芮娜和家人拿到了綠卡。從那一刻起，他們可以留在美國不用擔心被驅逐出境。如果她晚生十年，人生可能會完全不同。

聽到芮娜的故事時，我的腦海中閃過十五年前親眼目睹的事情。那天早上當我到辦公室時，警車包圍旁邊巷道裡一輛破舊的卡車。一個棕色皮膚、輪廓分明的英俊男子坐在駕駛座上一動也不動，從身上的衣著和黝黑的皮膚看來，他在烈日下工作許久。在卡車後座，他十幾歲的兒子（我猜的）坐在那裡大聲哭泣，偶爾用拳頭捶著椅背。一位年長的婦人，也許是他的母親，用手臂圍著男孩，試圖讓他平靜。一名警察問我：「你會說西班牙語嗎？他不會講英語。」我問他做了什麼事，警官解釋說：「我們抓到他開車沿著巷道撿拾人們不要的東西，不過我們懷疑他是非法移民。」我問道：「那他會怎麼樣呢？」警察答道：「坐些牢後，他會被送回墨西哥，也許全家都要被遣返，這就是他的孩子這麼難過的原因。」

芮娜從聖塔克魯茲大學畢業後，接著獲得安蒂奧克大學（Antioch University）的創意寫作碩士學位。三年後，她出版了第一本自傳小說《橫越百山》（*Across a Hundred Mountains*），獲得評論家高度讚賞：「刻骨銘心地刻畫出移民、失落與發現的故事，令人動容驚豔」，並贏得了無數榮譽，包括拉丁裔著作改編電影獎（Latino Books into Movies Award），以及美國墨西哥裔文學獎（Premio Aztlán Literary Prize）。又過三年後，她汲取自本身對民俗舞蹈的經驗，再接再厲地出版第二本小說《與蝴蝶共舞》（*Dancing with Butterflies*），亦大受好評。

7 如何培養好奇心

在一個炎熱的九月下午，四百多名學生擠進小禮堂，在一排排馬蹄型座位中找個位子坐下。房間裡充滿吱吱喳喳的聲音，大家講話越來越大聲，都想壓過旁人的喧囂。

幾分鐘後，一名高高瘦瘦的男子走進來。他穿著白色慢跑鞋、棕色褲子和藍色襯衫，站到教室前面的講台。大部分的學生從位子上往下看，可以看到老師的頭頂。他將麥克風夾在衣領上，清了清嗓子。

「我知道這裡很熱，但是我們有事情要做。」他幾乎是用喊的，才能蓋過學生嘈雜的聲音，等大家靜下來後，他繼續說道：「這是歷史 112 的課，我猜大部分的人來上這堂課，是因爲這是必修課的關係。但是我告訴你們，不用這樣做。」他從講台後面走出來，望向教室後面。

學生們左看右看，紛紛竊竊私語，一臉狐疑。「但是，等等！」他將雙手舉高，彷彿要擋住迎面駛來的火車頭，說道：「按照規定，這堂課是本校通識教育的一部分，但是世上沒有人要求你樣樣都學。如果你不上課的話，不會在公共廣場遭到鞭打，也不會被關或罰錢，由你負責自己的教育。」

學生靜靜聽著，他繼續說道：「我要你想想看是否眞的想要得到這種教育，希望你了解通識教育的美麗和用處，那麼就可以決定是否適合自己。」教室裡鴉雀無聲，冷氣終於吹動了，涼風輕輕送來。

幾分鐘內，老師已經簡單介紹「自由教育」（即人文教育）的來龍去脈，指出「自由」（liberal）一詞來自拉丁文，指古代自由的小孩（相對於奴隸之子）所接受的學校教育。在現代來說，則是指學生探索從人文到科學的諸多學科，深入思考當代的重要課題，學習各方面的知識幫忙應對。

當教授講完時，他要求大家做一件相當奇怪的事情。他說道：「今天晚上你回家或是回宿舍時，我希望你能決定自己是否眞的要追求這種教育。請別人離開房間，坐在黑暗中至少三十分鐘，然後問自己是否眞的想受自由教育？如果是的話，星期三回來，準備好踏上這終身之旅。但如果不是的話，你也知道該怎麼做，你若不是眞心想要念這所大學，便應該去追求別的東西。」結果，這堂課沒有人退選。

現在，許多學生否定這種訴求。他們認爲現代社會越來越專業化，若是想成功，必須專精一項領域，成爲該行的專家，忘掉其他所有學科。學生學習成爲醫生、水管工人、業務主管、除草專家、銀行經理、電腦技師和其他專業人士，對於大多數傳統大專院校裡要求的通識教育必修課程，他們往往看不出有什麼道理。他們覺得，「人文藝術學科」聽起來像是沒有眞正主修的人所選的科目，把這些課程當成得完成的東西，輔導老師也會幫忙檢查是否完成必修課。最極端的情況是，學生相信學校的存在只是幫忙拿到適當的學歷證書，而不是幫忙成爲有創意、具批判思考、有同情心和關懷社會的人。

其實，許多師長也不明白爲何要修通識課程。①他們對於人文教育蘊含的整個傳統所知甚少，除了隱約覺得「讓學生圓博通達似乎也不錯」之外。②但是，這句老話已經失去了吸引力，因爲在這個要求人們像瑞士刀專精的世界裡，需要具備各種專長的人來處理日益複雜的各式問題，誰要當一顆圓圓（圓博通達）的球呢？

最近，我在華盛頓與具有影響力的立法者會面，他們也很難理解教育除了讓大家準備好找工作之外，還有什麼價值？他們認為，若高等教育無法全力訓練學生打好基礎去賺錢的話，等於是毫無意義。

然而，本書大多數有創造性和生產力的受訪者與這項潮流相違，他們在通識教育上發現重大的價值，但並沒有成為樣樣通、樣樣鬆的人；他們不是每科都淺嘗輒止，從未擇一專精。最近有位哈佛的教授便觀察道：「你看，這麼多的孩子來到哈佛，他們參加了太多活動。」相較而言，本書受訪者做了一些艱難的選擇以便專精，但重點是廣博的教育幫助他們做出這些決定，因為他們看見了通識教育和專業科目之間的關聯。在芮娜等人身上可以看見這份能力，這裡又可以再度看到。若是我們想要仿效本書受訪者，打造出高產生力與創造力的人生，必須先了解為何他們重視通識教育，後來才專精一、兩個領域。

人文教育和創造性

創造過程有一個重要部分，在於遇到好點子時要能夠認出來，此概念具有深遠的意義。要從別人的思想和創作上獲得成長，必須要有管道接觸，所以得先探索偉大的心靈作品，包括藝術、科學、數學、哲學和歷史等等。我們必須有興趣探索各式各樣的學科，讓充滿想法和知識的世界成為美味的佳餚，延伸出無窮無盡的可能性，至少就人類所有的努力和成就來看，正是如此。

可以說，這種創造力能造福社會，然而這不是唯一的理由，因為我所訪問的高成就人士具有各式各樣的興趣，他們之所以重視創造力，是因為可以幫助實現一項人類基本的需求：讓自己的生命更加豐富強大。美國哲學家泰勒（Richard Taylor）在經典之作《美德》（*Virtue Ethics*），呼應相似的觀點，他認為人類具有獨特的智慧，唯有在創造時，才能過著美好的生活，泰勒點出這正是「人類與其他生物的區別」。③泰勒認為，原創作品可能出現在任何領域，他寫道：「當我們想到創造力的時候，很容易想得太狹隘，有時候甚至把創造物只限於藝術作品而已。」但這太狹隘了，他結論道：「包括舞蹈家、運動員和棋士等，都可具備創作所需的聰明才智，事實上創意幾乎存在於任何智力活動中。」創意可以發生在園藝和農牧業上，或「擁有一個幸福美滿的家庭」。泰勒自己追求創新和美好的人生，成為國際知名的蜂農和哲學家。④

本書受訪者不只是光說不練，他們發現讓自己著迷的東西，對於自己可以解決的問題以及會做的事情，產生了興趣。他們成為有創造力的人，是因為著迷到渾然忘我。這些受訪者了解到，想成為有創造力的人需要食物，他們的養分來源有二：一是懂得欣賞別人的創意成就，二是體認到自己能將獨特的觀點，帶到各種情況、問題或計劃上。他們必須了解自己的腦袋如何運作最好、自己如何想出點子，以及從哪裡獲得想法。基本上，他們必須體認到自己是歷史和社會的產物，因此需要對於過去與現在的世界，具有深刻的理解和豐富的研究。基於渴望實現人類對原創力的基本需求，最優秀的大學生探索人文藝術教育的豐富世界，在人文、藝術、社會和自然科學裡探礦，挖掘可以滋養心靈的思想和訊息。

好奇心和豐富的學習帶來了樂趣，對於塑造他們的重心扮演重要的角色。人文藝術教育讓他們有機會享受更豐富的人生，因為他們的眼界開闊了。畢竟，人生是什麼呢？是隨著時間歷練，但如果能放大每個時刻，放在歷史長河中觀看，探索其社會脈絡，剖析一切聲音，並整合到自己的經驗裡，可以從每個時刻中挖掘出更多的東西，進而擴大充實自己的人生歷練。如同芝加哥大學的社會學家雅培特（Andrew Abbott）幾年前對學生表示：「一旦遇上機會，若是不利用一切方法來延伸擴大此刻的經驗，那就是一個傻瓜了，而教育素質正是核心手段。」⑤

例如，歷史是涵蓋最廣闊的學科，因爲包含人類所有事物，從藝術到科學，以及中間所有的一切。想像你正在試著區分同一種顏色的深淺程度，把兩個並排放是最能看清楚差異的方式，想了解自己以及當代也是如此，除非有其他歷史參考座標，否則難以說對自己或現在所處的社會有多麼了解。例如，你可能覺得某種態度是相當自然的事（如種族主義），直到了解那些情感和概念有其歷史，並非一直存在。你可能會認爲某些民族和宗教有暴力傾向，直到探索了同一團體悠久的歷史並與其他社會比較後，才有不同的看法。你可能覺得自己所屬的種族高人一等，因爲發明了沖水馬桶等現代設備，等到研究過長久以來帶動該社會繁榮的歷史因素之後，才明白自己的祖先其實並不值得吹噓誇耀。

歷史與正義

迪恩・貝克（Dean Baker）是少數預測到二〇〇八年金融海嘯的經濟學家，也是重要的經濟正義倡導人士。很年輕的時候，他與哥哥成立了一個夏季研討會，好比是手足一起蓋樹屋，這對兄弟打造出兩人的學習小組，當時迪恩才剛念完費城郊區斯沃斯莫爾學院（Swarthmore College）一年級，哥哥則是念完波特蘭里德學院（Reed College）的三年級。他們在芝加哥北邊長大，與母親和祖父母住在一起，那年夏天，他們回到湖濱地區熟悉的家，腦袋裡充滿了想法和問題。哥哥在里德學院念歷史，遇到對美國主流歷史觀提出諸多質疑的一個學派。

迪恩回憶道：「第一年我沒有表現得很好，尤其是語言方面，我想應該是自己不夠認真的緣故。」但是他對政治一直感到興趣，部分原因是受到芝加哥所見所聞的刺激，當哥哥帶著新的研究和想法回家時，這兩個男孩發現了一個題目，而這將改變迪恩學習的整個方法。這名未來的經濟學家提到：「那年夏天，我花了很多時間和哥哥在一起，改變了我追求學問的動機。」

在夏天越來越熱的日子裡，兩名男孩爭辯討論著，分享書籍和觀點，挑戰論點和檢視證據。哥哥念了許多歷史學家的書，包括科爾克（Gabriel Kolko）和威廉斯（William Appleman Williams）等，這些學者不同意傳統的歷史論述。哥哥與迪恩分享這些書籍，引發的想法有如星火燎原，對正統詮釋提出質疑，並讓他們見識到觀點全新的學說論述。他們鑽研文本，詰辯思想與證據，交流文章段落，爭辯其中意義並追求更多訊息。

那年夏天一如往常，芝加哥密西根湖沿岸的氣溫在攝氏二、三十度上下，最熱的日子裡，沙灘上擠滿泳客；涼爽時，也有輕風拂過湖面。在男孩熱烈聚首討論的不遠處，芝加哥小熊隊正在瑞格利棒球場（Wrigley Field）出賽，不論是在神奇涼爽的日子，或是七月四日豔陽高照的午後。不過即使在最熱的日子裡，晚上通常溫度會降下來，不用開冷氣也可以睡覺。

那年夏天迪恩讀到一項歷史事件，引發他往後歲月的研究興趣，多年之後有一次當他候選爲陪審員，可能要判定別人的生死命運時，也勾起了他對這段往事的回憶，這就是「伊朗總理摩薩德的事件」。摩薩德（Mohammad Mosaddegh）於一九五一年獲選出任伊朗總理，是迪恩出生許久之前的事情了。

出身貴族家庭的摩薩德總理，先前是伊朗第六十屆和六十二屆議會領袖。他倡導推動經濟改革，使農工階級受益；他發給失業救濟金，傷病者皆可繼續支薪；農民不但從強迫勞動中獲得自由，摩薩德也向地主徵稅，推動公共計劃造福民眾。後來成爲英國石油公司（BP）的集團，在當時因爲擁有該國石油貯藏的所有權，因而掌控伊朗大半經濟。當摩薩德主張油井應該歸還伊朗人民時，惹惱了美國和英國政府，結果在一九五三年八月十九日，美國中央情報局發動政變將他推翻。

雖然是發生在這對兄弟出生許久之前的事，然而當兩人看到美國政府以暴力推翻外國民選政府時，還是大感震驚不安。他們從小在心中建立的美國外交模型受到質疑，動搖了他們最珍貴的信仰，也讓他們對國際體系運作之道燃起新的好奇心。迪恩記得：「我們被告知推翻摩薩德是屬於冷戰對抗暴政的一環，但是從歷史紀錄看來，這並沒有道理。摩薩德並不是蘇聯間諜，只是一個激進的改革派，挺身爲人民追求正義。他不是暴君，推翻他的政變只是爲了保護大型石油公司的經濟利益。」整個夏天，這對兄弟的研討會就討論這些問題，好奇心和正義感驅使著他們。他們閱讀有興趣的書籍，了解並記住重要的東西。隨著七月進入熱烘烘的八月初，兩人就哥哥帶到桌面上的題材爭辯討論著，弟弟將這些變成了自己的東西，期間兩人逐漸走出了自己的道路。

與哥哥度過那個神奇的夏天後，迪恩在秋天開學時並未回到學校，而是休學一年到歐洲遊歷。一年後回到校園時，他申請了斯沃斯莫爾的榮譽課程，這個計劃培育了許多有創造力和批判性的思考家。在每週舉行的小型研討會中，學生們進行對話，並常常變成討論自己的研究，迪恩學會了懷疑一切。他追究論點背後的假設和概念，進一步思考其意義和應用，尋求證據並質疑資料的來源和性質。他分析同學和資料來源所運用的論證方式，特別注意到語言有時會被當成扭曲思想和激化感情的工具。

甚至在加入榮譽課程之前，他修了一門跨科際的行爲主義課程，並探索一個核心問題：是什麼在控制人類的行爲？迪恩解釋道：「在批判之前，必須先做了解，教授不會容忍一堆愚蠢的批評。」第二年，他選修美國經濟史，行爲主義課程中的一些問題又再度浮現。

在斯沃斯莫爾學院的榮譽課程中，教授最主要是站在教練和導師的角度，幫助學生做準備，而不是當法官，爲學生功課做最後的評量。迪恩和同學們花了兩年時間爲大四最後的兩天做準備，外面來的考官是各行專家，來到校園評量其研究，透過對話來交流想法與挑戰思考，並決定他們是否通過考核。

迪恩了解自己的學習風格，知道自己做得最好的時候，是擁有更多自由、也就是可以一起設計自身教育的時候。他解釋道：「這就是我去斯沃斯莫爾的原因之一，因爲那裡重視大學教育，並擁有優良的師資。」教學品質帶來差別，但是他對世界越發的好奇著迷與關懷，也是推動他向前的主要原因。他提到：「我大多數遇到的老師都相當優秀，但即使他們不好，我通常也能找到有趣的東西來念。」

漸漸地，迪恩對於經濟力量如何塑造人們的生活，以及經濟運作之道日益著迷。當他投身研究各式各樣的學科時，他從各個領域汲取知識與智慧，同時不斷思考自身的信仰和原因，也不斷進行整合與提出質疑。他解釋道：「我總是在尋找閱讀題材中的論點，然後轉向證據看看該如何使用。」他懷抱民胞物與的精神，再加上善於自我解嘲，這都賦予帶動他努力去探索追求的力量。在歡笑和嚴肅中，他學會解決問題，以及提出別人沒有想過的問題。他靠自己從證據推理，再加上別人的見解，形成了開闊的觀點，讓他可以嚴格篩選各式論點，只保留那些符合他最高推論和證據標準的東西。多年之後，遠在他從密西根大學獲得經濟學博士之後，他利用批判思考的習慣，看出有些經濟學家想要減低社會安全金給付的錯誤論點，後來又看到經濟崩潰迫在眉睫，當時鮮少人能看穿這點。不過，分數在他的教育過程裡向來都不重要，他解釋說：「我不關心成績，夠好就行了，我對於著迷的東西更感興趣。」

哲學家夸奇（Andrew Chrucky）在寫到人文教育幫助人們以好方法解決衝突時，或許描述的正是迪恩所接受的教育。他寫道：「人文教育讓個體有能力達成共識，指出何種情況在政治和經濟上對每個人都有利。」他主張，這種結果來自於對話，與「歷史、人類學、社會學、經濟學和政治學」引發的道德問題進行奮戰。⑥在這種人文教育中，學生學習參與交流，透過「學習修辭和邏輯」來了解討論的本質，發現如何在講話寫作中表達自己的意見。他們進行討論，挑戰彼此的論點，以證據或論證指出問題，拒絕或接受論點不是因爲個人高興與否，而是透過最高層次的理性判斷，人文教育有助於發展反省思考的能力。

最優秀的學生一般都會爲自己打造這種教育，在對話中帶出自己的觀點，對照他人的價值觀和想法進行測驗，並以理性規則和證據標準來驗證。受訪者提到與朋友在宿舍和圖書館裡長時間討論，有時會爆發激烈的辯論；他們對倫理道德、公平正義與其他議題提出的質疑與掙扎，有時候則是針對一本書的作者進行徹夜爭辯；他們指出同意他人提出的事實與否，以及認同他人態度與否之間的差異。

喜劇泰斗斯蒂芬·科爾伯特推敲思索羅伯特·波特有關價值觀的文章。電腦資訊業的開路先鋒傑夫·霍金斯沉思哲學家的研究，運用約翰·塞爾（John Searle）的想法思索電腦與人腦之間的區別。新聞記者大衛·普羅提斯參加教授和其他學生的研討會。鄧肯·坎貝爾進入法學院希望找到正義，結果最後在自己推動幫助弱勢青年的計劃中落實了。瑪麗·安·霍普金斯在表演藝術、人文和科學中探索，希望爲飽受戰爭蹂躪和貧窮的世界尋找正義之聲，然而最終在自己的行動中找到答案。我們一再聽到跨科際探險的故事，促膝長談到深夜，終身對閱讀抱持開放的態度，探尋著各種可以餵食腦袋的見解、想法和事實。在這一切中，我們聽到了對知識的渴求、對原創性的追求，以及對正義的普遍關懷。

選擇的自由

艾瑪·墨菲（Emma Murphy）主修政治和社會思想，研究俄國文學，從來沒有選修標準的醫學預科課程或參加醫學院入學的MCAT測驗。然而，她在維吉尼亞大學念大三時，就已獲得西奈山醫學院（Mount Sinai School of Medicine）的入學許可。若她接受了，將會加入許多人文與社會科學背景的學生，一同進入醫學院就讀。

西奈山醫學院開始這項計劃，是爲了吸引文科教育的學生進入醫學專業，因爲這個行業不像文科教育那般鼓勵深度學習。相較於傳統理工科系出身的學生，這些文科學生的表現如何呢？

該校的研究人員最近比較兩組表現，發現經由各項廣泛的評量後，文科學生相較於不一定接受過通識教育的理工科學生，表現一樣好或更好。⑦他們在門診見習與課堂上都表現得很優異，比較有可能從事學術研究，並且「常以傑出研究畢業」。此外，他們也更常選擇家醫科，艾瑪相信她的經驗讓她更具同情心和同理心，能夠更了解未來病人的困境。醫學院院長查尼（Dennis Charney）指出：「這些學生促進學生團體的多元化，創造充滿活力的教育環境，以及更具啓發性的訓練經驗。」

艾瑪的教育和家庭生活培養她對學習採取深入的作法，以及對人生重大課題的關注。她在馬里蘭州郊區長大，父母都是醫生，鼓勵她發展好奇心。她回憶說：「我的父親會坐下來跟我討論一切東西。」艾瑪的家庭具有深厚的宗教淵源，重視價值、目的和信仰滲透進她的言行舉止。她表示：「宗教一直是我們每週例行事務的架構與組織。在高中時，個人信仰成爲我生命中非常重要的一面。」從一年級到十二年級，她上一間「很棒的獨立私校」，採取小班制，並強調人文教育。「我們班上不會超過十到十二人。」她還記得在這樣的環境中，她養成了批判思考與良好的寫作能力。老師們與學生分享熱情，他們的專注付出對這名年輕女孩具有強烈的影響，她強調說：「我受到鼓勵，懂得提問題。」

但艾瑪生活的世界也助長她對策略學習的關心，並不斷灌輸她強大的外在動機。父母希望三名女兒學業表現優秀，她的社會圈子也會對能進入最負盛名的私立大學感到驕傲。姐姐去了普林斯頓大學，她也期待自己能進入常春藤名校。在班上，她面臨拿高分的微妙壓力，她坦言道：「我念高中時，全看老師如何評量我，好像我被量化製表在某種圖表上。」就像她的社交圈裡許多年輕的女孩學芭蕾，她也表現得極爲出色。但是，不管是跳芭蕾舞或是學校課業，她都感受到一股壓力，彷彿人生得遵循一定的路徑。她解釋道：「在這種專業先修的環境下，我發展出厭食症，最後不得不進入治療中心一個月。」關在醫院裡的時候，艾瑪感到孤立遺棄，但她從不絕望。這個事件對她的想法和價值觀產生深遠的影響，也激發她對被監禁的人們產生一種深深的同理心。這或許是一個轉變的開始，進而擴大到她在維吉尼亞大學的學習。

當艾瑪上大學時，她站在兩個世界之間：一個世界強化外在壓力，促使她採取策略性學習的作法；另一個世界強調人生目的、價值與個人發展。第一種可能許諾取得功名利祿的捷徑，第二種則是提出對人生意義的探尋。其實，她來到維吉尼亞大學幾乎是偶然的，在最後一分鐘才遞出哲斐遜獎學金（Jefferson Scholarship）的申請。入學前她先參觀了校園，遇到許多「熱情又有創造力」的學生，「很容易就做了決定。」

在馬里蘭長大的她習慣「主導自己的學習之旅」，選課以政治和社會學為主，這份自由激發她更深的意圖和更廣的興趣。剛開始，她在宗教系選修幾門威爾遜（Bill Wilson）老師的課程，幫助她打造日後的方向。她解釋道：「在理解一段文字時，老師從來沒有表現出自己是專家的派頭，擺出若學生們做出不同的詮釋，一定是學生錯了的態度。」艾瑪記得老師重視她提出的問題，以及如何在寫作與思考上處理這些問題的能力。她總結說：「分數變得跟討論沒有關係了。」

念大三時，艾瑪上了一堂不尋常的課，讓她投入廣博精深的人文教育中。這堂選修俄國文學的學生為少年收容中心定期舉辦研討會，艾瑪說明道：「我們不是為了寫讀書報告堆在教授桌上，而是去尋找核心意義和建立人際聯繫。我們必須從這些被司法系統邊緣化的孩子的觀點，來探討俄國古典作品。」雖然艾瑪的生活與收容中心的男孩並無太大交集，然而她可以從自身經歷中試圖理解其困境。她說道：「我還記得當自己被關在醫院裡，想要回到健康一點的地方時的心情。」這份經驗喚起她對司法正義更加關注，以及思考俄國文學所強調的目的與價值等課題。從這堂課裡，她意識到大家擁有的共通人性，以及對自身教育的主控權。

艾瑪不確定是否接受入學許可進入醫學院，她主要想追求的工作是能夠與人們接觸，同時能保有創造力。在本書的研究對象當中，可以一再看到這種模式出現，他們要的不只是死記硬背的挑戰，或是從工作中獲得聲名地位而已。他們追求的教育留有沉思的空間，隨時保持驚嘆敬畏之心，即使是得披荊斬棘開創自己的道路出來。

選擇路徑

在北加州一個舒爽的春天裡，年幼的達德利・赫胥巴赫沿著河床走，注視周圍的點點滴滴。他經常這樣散步，驚嘆於一草一木、一山一水，他看著小水池中的漣漪輕輕漫開，也注意到住在這些小小世界裡的微小生物。他看到小鳥撲著翅膀，以奇妙的隊形掠過天際，有時停在樹梢棲息，有時則飛撲覓食。多年以後，遠在他到史丹佛大學踢足球、婉拒職業美式足球隊公羊的試約、贏得諾貝爾化學獎、爲電視卡通《辛普森家庭》配音之後，他仍然記得枝頭小鳥和林間散步，大自然彷彿是一位好老師，激發他一連串的問題和想像力，並讓他對世界產生敬畏之心。他提及：「我有許多自己的時間，常常只是做白日夢而已。」

達德利是三男三女中的老大，父母在經濟困頓的時期辛苦掙扎。他的父親以蓋房子維生，爲自己工作的細膩用心感到自豪。這名科學家追憶道：「父親會仔細談到自己的手藝，強調做好工作的重要性。他總是說：有一天有人在拆這棟房子時，就會明白屋子蓋得多麼堅固精細啊！做好一件事情，需要多費工夫。」

這些故事成爲他童年時期的重要養分。當他四、五歲時，家裡常常擠滿了叔伯阿姨，多半是父親的兄弟家人，他們談起在世界各地的冒險故事。他的祖父很愛開講，活靈活現地說起「那些熊比車庫還大」的奇遇，把身邊圍著的孫兒輩唬得又愛又怕。很快地，達德利學會自己看圖說話了，他提起說：「三、四歲時，我一直很好奇卡通人物頭上那些氣球框框裡到底是什麼東東。」就像考古學家破解古代馬雅文字一樣，達德利費力解開漫畫框框裡所有文字的祕密。他說道：「我記得有一次我用紅色鉛筆逐字讀過，將每個知道的字畫線。」母親幫了一些忙，其他的則是他從上下文中破解意義而來。

學會閱讀之後，家人給他買了一冊三集的兒童版世界歷史，在念小學一年級之前，他已經搶先讀完了。他說：「我們不是知識分子的家庭，在這份百科全書之前，全家只有聖經、艾勒里．昆恩（Ellery Queen）的推理小說，以及《讀者文摘》。」當他約莫九或十歲時，有天早上屋子失火燒了個精光，那些書也化為灰燼，此後他非常依賴圖書館，又得到好心圖書館員的建議。他衷心謝道：「她對我的教育扮演一個很大的角色。」

他讀歷史、科學和一些文學作品，父母常給他買書當作聖誕節或生日禮物，他仔細讀完《金銀島》，並和魯賓遜一起漂流。十一歲時，他拿起一本《國家地理》雜誌，那期主要在介紹行星和星座，讓他此後愛上了大自然的奧祕。他搜尋其他天文學的書籍來看，並繪製星圖，這是他第一次盛大的科學探索。不過，雖然科學和數學日漸成為他的重心，他仍然繼續遨遊於文學、歷史和傳記中。他解釋說：「我明白我們只是活在某段時間的一個人而已，但是閱讀可以拓展人生，在不同時代嘗試過別人的人生，也可以從讀到的東西來學習寫作。」在高中時，他發現了莎士比亞戲劇的豐富內涵，最終則愛上了數學與機率之樂。

這種探索，產生了非凡的想像力。他很容易在不同觀點之間跳躍轉換，進行鮮少人想得到的連結，並以前所未見的方式架構問題。達德利觀察道：「因爲孩提時代我有許多時間做白日夢，沒有大人告訴我應該怎麼做。我學會像獵犬嗅聞獵物般思考，想法跳來跳去，而不是直線進行。」

達德利愛上了人生，包括其中的奧祕、迷人、美麗、問題、挑戰，甚至是悲劇。像本書許多受訪者一樣，他追求廣博的教育，浸淫多項學門，最後一頭栽入化學的世界裡。他喜愛征服的快感，著迷於未解開的問題，並把這種喜悅以右後衛球員的身分帶到足球場上，以及教室裡。達德利強烈意識到自己的獨特性，是從他個人生命歷程與學習中孕育而生。在他心目中，他的智慧和個性並非凍結凝固，而是不斷進化，永遠隨著他不斷學習而改變。他指出：「若能掌握或專精於某項事物，將會以不同的方式看待自己，意識到自我的獨立及與衆不同，以特別的方式讓自己獲得力量。」

像許多受訪者一樣，達德利很早便發現教學相長的力量。念高中時，他開始教足球隊的哥兒們有問題的史地理化等科目。在一來一往的對話中，達德利和隊友們慢慢增長知識，藉由彼此交流建構出各種想法，給了這位正在萌芽的科學家一個機會，自己先理解複雜的觀念，然後再以自己懂得的方式講解給別人聽。在高中時，他曾經上過一門數學課，老師是胖嘟嘟的傢伙，剛從戰爭中退下來，自己對上課的內容並不太通，於是希望每個學生「解釋清楚自己的運算方式」。還有其他課堂上，老師們也要求學生自己來，互相解釋給對方聽，「我想這就是現在所謂的同儕教學吧！」多年之後，達德利這般說道。

達德利喜愛運動，保持強健的體魄。他從事的美式足球和籃球運動，是來自二十世紀的合作文化，在時間、空間和線條上演進。不同於十九世紀的棒球比賽，每個人各自站在壘板上揮棒試著自己的運氣，當今的比賽強調團隊合作，在這方面很像他最後選擇落腳的科學研究世界。進入史丹佛大學時，學校同時給他一般獎學金和運動獎學金，但是達德利只接受前者，這份選擇讓他擁有一份自由，足以影響一生命運的決定。後來足球教練告誡他不能上實驗課，否則會干擾練習，他就退出球隊了。甚至後來洛杉磯公羊隊找他試踢時，他也「毫不動心」。他和本書許多受訪者一樣做了艱難的抉擇，凸顯出與一般人的差別。

雖然追求廣博的教育，但是達德利明白自己不可能樣樣精通。「我總是提醒自己，馬友友曾經說過，『我不會唱歌，但是會拉大提琴。』你可以探索世界，但是不必樣樣都第一名。」他想起有一位同事雖然是傑出的科學家，但是常常搞不定二次方程式，不過在有機化學的研究裡卻是世界一流水準。達德利和本書許多受訪者一樣，他沒有鞭笞自己，要求自己樣樣第一，而是追尋最吸引自己的領域。他不斷尋找事物之間的相關之處，拓寬自己的視野，而非自我局限在單一領域。他不會因爲自己可能無法發光發熱，就害怕去嘗試新領域，相反地他想辦法找關聯，從新的角度看事物。多年後，在他因分子碰撞化學的研究獲得諾貝爾獎時，他開玩笑說，或許是因爲在運動場上的碰撞，讓他找到了興趣與靈感。

在史丹佛大學時，達德利既感受到隨興趣做研究的自由，同時也體認到妥善規劃生活的責任。他在圖書館找到一個安靜的角落念書，讓他心無雜念，每天早上九點到十二點，專心看史地理化等知識性書籍，迷失在想法、故事、問題與解答當中。因爲他讀書深入，每個科目都能吸收，他也會做出大綱，用心觸類旁通，常常看到忘了時間。他回想道：「有些朋友以爲我都沒在念書，其實我只是時間運用得宜又專心一致罷了。」

在每個學科中，他會問其他領域不一定會問的問題，也獲得了解決問題的多元能力，進而讓他在任何領域都可深入學習。許多年後，他寫道：「有些教育人士反對讓學生嘗試各式各樣的課程。」但是對達德利來說，這種教育最大的好處，在於可以學習以不同的方式來提問題，他解釋說：「在多方嘗試下，我們會遇到不同的問題，以及評量答案的多元標準。」在人文教育的經驗下，「我們學會挑戰證據，並耐心解出自己的答案。」這名科學家結語指出，人文科目以「多元標竿」提出質疑與衡量答案，「為學術工作不可或缺者」，也才能「有意義地參與民主社會」。

沒有單一的解釋，可以捕捉到本書受訪者何以發展出廣泛的興趣，並且積極追求給自由人的人文教育。能力和成功無法單獨解釋他們做出這樣的選擇，雖然好奇心扮演核心的角色，然而他們志向遠大、肩負使命感，也關懷公平正義的社會，這些都是箇中原因。他們喜歡一切形式的美，童年時期已感受到故事的力量，以及解決謎題的興奮，長大後更能利用大學的經驗來活絡與刺激頭腦心智。他們了解到教育是一種發展的過程，努力尋求心智力量的成長，進而影響到他們的學習方式。

有些人比較早開始追求通識課程，也比較積極。在我們的研究中，持續追求廣泛學習的人，也表現出最令人印象深刻的成就。此外雖然訪問調查顯示，最優秀的學生發展出廣泛的興趣，並具備整合多項領域的能力和識見，然而他們最終都選擇了一個舞台，盡情揮灑成就自己的人生與專業。有些人的舞台會改變，大多數人則以獨特的方式結合各種活動，但是他們都知道何時要專一，使自己的才華天分發揮到盡善盡美。決定要專注不代表摒棄其他一切興趣，而是運用所學，在一、兩個專業領域來創造。最重要的是，他們不是用自己追求的職業、發明的玩意、唱的歌曲來界定自己，而是立志當個有創意、好奇心、愛心與同情心的人，努力做好世界公民。

8 如何面對艱難的抉擇

創造哈利．波特的羅琳女士，在爲哈佛畢業生致詞時，說了一段自己的人生故事。她提到當年要上大學時，「出身貧窮、皆未上過大學的父母」希望她學「有用」的東西，至少可以謀份營生，脫離窮困的人生。他們希望她追求「職技學位」，她卻表示：「但我想學英國文學。」

也許家裡經過一番爭吵，她做出了妥協，去學校「學習現代語言」。但是那並未持久，她告訴畢業生：「父母的車還沒拐過街角，我就拋棄了德文，溜進古典文學的迴廊裡遊蕩徘徊。」

「我好像沒有告訴父母，自己改念古典文學了。」這位舉世知名的作者坦承：「他們可能是在畢業那天才第一次發現。我想，在這個星球所有的學科當中，他們很難再找到像希臘神話那麼沒用的科目，學這行絕不可能有朝一日當上公司主管，擁有自己的專用廁所。」如今羅琳已經以寫作成爲世界上最富有的人士了，當年她只是跟著自己的熱情走而已，然而她拐到古典文學的迴廊一遊，對於自己和千千萬萬讀者和電影觀眾的影響，卻是無可言喻的。①

當然，我們很難像羅琳一般，寫出匹敵哈利．波特系列的暢銷書，然而每個人選擇的大學主修，都會對人生產生重大的影響。我不能說在受訪者中發現一個明顯的模式，瑪麗．安．霍普金斯有點像羅琳，在進醫學院的途中選擇了拉丁文，純粹是因爲她覺得拉丁文非常優美。黛柏拉．哥德森選擇了社會心理學，因爲她覺得很有趣，也因爲她認爲這可以幫助自己成爲一個更好的醫生。在兩個例子中，她們選擇主修科目時都有其目的，因爲該領域的美麗迷人或有趣實用等因素。

在學生做出一連串的決定中，選擇主修關係重大，不論是對於學業成就、個人成長，及大學畢業後能否成爲有創造力與生產力的個體，皆是如此。麻煩的是，大多數人往往對於重要的問題，反倒沒有思考太多。

哪些決定會造成重大差異呢？如果想要了解最優秀的學生做了什麼事情，幫助他們日後變成有創造力與生產力的人，首先必須找出他們做了哪些關鍵的選擇，而不是看他們最終選擇什麼道路，雖然這可能也有幫助，但是看什麼問題才是最重要的。

到目前爲止，我很少寫到成績的事情，幾乎也沒有提到如何得到好成績。不過在第一章時我說過，雖然本書宗旨不在於幫助學生進榮譽榜，但後面仍會針對這點提供一些建議。我主張，採取深入學習與獲取高分可同時並行不悖，不過還是要強調，若學生把贏得書卷獎當成是首要關切，恐怕會比較難達到深度學習或有創造力的人生。本章是最接近傳統「贏得高分」和「學業成功」的指南書籍，綜合本書受訪者的一些作法，並融合豐富的學術研究成果，討論讀書習慣或時間管理等問題。

不過，本章並不是神奇寶典，有標準答案讓人像食譜般參考照做，搞得好像在烤蛋糕，而不是爲打造一生做努力。此處是針對許多困難的問題，需要深入思考和關鍵判斷；這裡提供思考的素材，也包括一些可立即應用的方法。

底下要討論的每個問題，背後都有三個關鍵要點：第一，需要不時改變路徑，甚至必要時得倒退回去，改採不同的路徑。第二，需要接受或甚至擁抱失敗，並明白可以從缺失不足的經驗中受教許多，如羅琳最近提到：「失敗讓我了解自己，捨此之外別無他途。」第三點也許是最重要的，學生必須自訂教育目標，控制教育過程，相信自己可以不斷擴大自己的能力和成就。

念書的原動力

若干年前，史丹佛大學的心理學家米榭爾（Walter Mischel）進行了一項著名的實驗，他對四歲的小孩們承諾，可以立刻吃一顆棉花糖，或是等他事情處理完回來後，可以吃到兩顆糖。如果現在就想吃一顆，只要按鈴就好了，但是這樣只能吃到一顆，而耐心等待的話，會有兩顆糖可以吃。接著他離開房間，留下小朋友和堆滿誘人零食的碟子，包括棉花糖和餅乾等。一些孩子無法抗拒誘惑，當所有大人都離開房間後，他們馬上往嘴裡塞滿糖果點心，或是立刻按鈴。然而，有些小朋友克制住了，他們獲得更大的獎勵。

這場實驗之後，米榭爾等人又繼續追蹤這些兒童的發展。從收集的資料中，得到了令人震驚的結論，等待最久的兒童長大後多半會變成有生產力和成功的人，而那些選擇立即享受、不願延緩滿足的人，通常在學校裡有行爲問題，課業較不順利，友誼也無法持久，而平均的SAT成績更比耐心等待的人少了二百一十分。

這些延後獲得滿足的人有其特別之處嗎？或是他們有何訣竅，可以抗拒眼前的誘惑呢？過去二十五年來，心理學家發現最能抗拒誘惑的小孩，有方法能夠讓自己分心不再想棉花糖。他們也渴望吃到點心，但是學會轉移注意力，不會老想著糖果餅乾。再者，社會學家也發現，若是能教導孩子一些心理技巧，在心中將誘惑轉成別的東西，例如將好吃的東西想成是一幅畫，而不是眞的點心，將可大幅提高小朋友耐心等待的時間。米榭爾最近觀察道：「一旦了解所謂的意志力，只是學習控制自我注意力與思考的事情，便能眞正開始增強它。」②

對於最優秀的學生來說，學著不去想令人分心的誘惑，是讓自己投入工作的一部分。他們的作法很像米榭爾實驗中最能延後滿足的孩子，主要是因爲他們能決定自我教育的目標，並知道自己負責掌握一切。心中抱持堅定的想法後，他們學會將心思導向學習，不去想派對、網站、電話或電玩等令人分心的事情。他們全神貫注在自己的工作上，沒有時間考慮其他可以做的事物。不過，這種決心通常揉合了道德承諾、同理心和同情心，懷抱更高遠的目標。通常這也代表發現了整體目標的重要性，接著便從專心做好手邊的工作開始。

有人告訴我，他們必須思考每一步，例如寫論文時，從挑選問題到去圖書館等都要規劃。許多人爲自己訂下期限並且認眞執行，不會分心去想生命中的棉花糖。同時，也要相信自己能夠做得到，不管是斯蒂芬．科爾伯特用兩年的時間完成三年的戲劇課，或是尼爾．泰森在天文學上的研究，常常以更高遠的獎勵，鼓勵自己專心工作。總之，他們讓自己對某件事情的熱情喜悅，再加上高遠的道德目標，帶領他們，無視於最令人分心的狀況。

但我不能說某個技巧適用於每個人，相反地，他們的整體作法有更重要的地方值得注意。其祕密是致力於開發自己的心智動能，創造更好的世界。他們希望最終不要依賴任何人，但是遇到別人有好方法時會抱持開放的心態。有些人會訂定時間表，然後嚴格執行，例如蒂雅．富勒、尼爾．泰森、赫胥巴赫等，③有些人則不會，然而大家都會找出最適合自己的方法，有時候是借用別人的點子，但從來不會認定自我控制和延後享受只有一種型態。

在貝克老師出的一道練習中，學生們必須想出自己曾經做過有創意的事情，例如做糕點、寫故事、做衣服或解決數學問題等等，然後想想看自己怎麼辦到的？抱持何種態度？是自動自發，或回應別人的要求指示？有什麼「儀式」，例如訂時間表或先吃冰淇淋？當初有何希望期待呢？工作的時間地點，花費了多久時間呢？自己的評價如何？當時有更遠大的目標嗎？工作時會想像完成時的心情，或是專注於每個步驟，或兩者兼而有之呢？最後完成工作時的心情如何？享受工作的過程，或只是注重成果呢？老師要求學生與自己對話，了解內心的想法與工作狀況，正是這份自我檢視讓他們產生動力工作，而不是相關的嚴格規定，讓他們按部就班完成任務。

近年來，一些研究人員反過來探索，哪些原因會導致人們拖延處理事務。雖然明知早日完成工作對自己比較好，但是一般人總是有拖拖拉拉的壞毛病，尤其是大學生。研究從許多方面探討人們爲何要拖延工作，以及如何改善這類問題，出現了一個重點。卡爾頓大學（Carleton University）怠惰研究小組（Procrastination Research Group）的主任派雪（Timothy Pychyl）指出：「怠惰的發生，是因爲生命中沒有眞正符合自己目標的計劃。」④本書的受訪者則是找到方法避免拖延，因爲他們具有強大的內在動機和計劃，充分反映出自己的目標。

普遍認爲要打破怠惰的習慣，我們應該像嚴厲的監工般督促自己，然而，派雪等人的研究卻呼應本書強調的一個主題：原諒自己。他發現，心理系的學生在第一次考試時若能原諒自己拖延念書一事，比起第一次就嚴厲譴責自己的人，在第二次考試時比較不會再延宕了。然而，「原諒」與「贊同」並不相同，如克莉絲汀指出，自我安慰中所謂「寬恕原諒」的概念，是指正面迎戰不好的行爲，了解人類有怠惰的習性，並用心尋找方法來克服問題，而不是責備自己是一個壞人。我們發現受訪者的思考也依循相似的模式，他們不會批判先前的表現，而是著眼自己需要改進的地方。⑤

如何選擇老師

有些網站會告訴大家，一名教授有「多熱門」或「多好混」，但是極少著墨於老師是否會促進深度學習。在我的上一本書中（編按：《如何訂做一個好老師》，大塊文化出版），探討了什麼樣的教授能夠成功促進學生深度學習。這些厲害的老師自然充分了解自己教授的科目，更會深入思考。但是，學生該如何評量老師的學識與思考能力呢？這眞是非常困難的事情，有一個好方法是看教授如何評量學生的功課，若只是用考試測驗背誦的工夫，那就保持距離吧！這可能暗示教師的知識和理解並不深，應該去尋找真正的好老師，他們期望學生逐步了解，並能善用所學來分析和解決重要的問題。根據我的研究，下面列出的因素，是決定某個課程是否能提供優良學習經驗的判斷重點。

一、課程有無探尋明確的問題，或要教導學生掌握某種能力，或者是帶領學生看見這些問題和能力的重要性、美麗和有意思的地方？我們一再看到受訪者表示，這些改變人生的課程都有一個核心問題：何謂正義？什麼原因導致戰爭？何謂有力的寫作，該如何學習技巧？誰擁有權力與如何行使權力？演化理論是否解釋各式各樣動植物的存在？如何計算曲線面積？

二、在追尋這些問題和能力時，課程是否允許學生有多次機會參與高層次的活動、得到意見反饋，在打分數之前能否再試一次？或僅憑一、兩次考試或報告便決定分數，完全沒有改進的機會呢？相較之下，教授進行研究時，總是會不停地尋求同事或同行的反饋，在投稿期刊論文之前會進行修改，並尋求更多的意見加以改進，這時候不會有同事說：「噢，到目前為止你拿的是C」，而是會給予實質的評論，提供意見讓論文或想法更加完善，來回多次之後，才交出去做最後的評判。然而，有時候教授在授課上未給予學生相同的機會，他們上課後考試，每次考試的分數就永遠留在成績簿裡了，也就是說，僅憑一次考驗就留下永久的紀錄。這樣子打成績，只反映出學生在學期中每一點的學習程度，並不是學習終了時的程度，不太可能反映出學生在課程結束時獲得的能力。

前哈佛校長博克（Derek Bok）在任時，請萊特（Richard Light）研究學生覺得在追求知識上什麼最滿意。萊特等人訪問了現在以及已畢業的學生，在初步報告中指出，最令人滿意的課程是訂立有意義的高標準，要在課程結束許久後仍然對於學生非常重要，還有一點萊特親自告訴我：「給學生許多機會去嘗試，碰壁再試，最後再打分數評定。」

三、學生是否有機會與其他學生合作，一起努力鑽研精進同樣的問題與能力？老師上課時能否促進這樣的合作？

四、課程是否鼓勵大家提出質疑，以及有機會練習新技能？人是邊做邊學，但是有些課程堅持學生必須先記住一大堆資料，才能做任何實質的工作。有些課程則會讓學生參與實作，縱使學生所知不多，但能幫助他們在安全且具啟發性的環境下，透過練習而學習技能。[6]也就是說，學生不用先花幾個月的時間記琴鍵位置，最後才將手指放在象牙白的琴鍵上。許久之前，亞里斯多德曾經說過：「有些事我們要先學才做得好，要怎麼學呢？就是先去做，然後就學會了。」

五、課程是否挑戰既有的思維與世界觀？人們會建立看待世界的心理模式，以此為典範來理解遇到的一切事物。通識教育有一項很棒的傳統，是一種很理想的方式，幫助學生易地而處，思考與自己既有思維相抵觸的情況下，該如何理解與處理問題。有些課程完全不會挑戰學生，有些則是單純希望學生接受各種教條，不要去懷疑或理解。

六、該堂課期望學生努力解決重要的問題、提出論點、交流想法、接受挑戰，以證據理由捍衛自己的主張嗎？

七、當學生面對有趣、重要與美麗的問題時，教授和課程設計會提供支持嗎？包括各種形式上的支持，如知識上、實際上和甚至是情感上的支持。

八、學生關心課程探討的主題、宗旨和目標嗎？他們關心既存的思考模型會受到挑戰而不適用嗎？

九、班上學生普遍有掌控自身教育的感覺，或是受到修課規定的操縱呢？

十、學生相信努力工作會受到公平實在的評量，並符合課堂之外重要的標準嗎？

十一、是否鼓勵並幫助學生整合其他課程以及對世界認知的問題、概念和訊息呢？

十二、是否提供學生發展歸納演繹能力的機會？或只是提出原理原則，要學生記憶背誦呢？

十三、老師是否真的關心學生在知識、情感和道德上的發展，幫助和鼓勵學生思考自己想要居住與打造的世界，以及希望塑造哪種有意義的人生哲學呢？課程設計裡是否納入這些關切？老師是否重視品格、提出重要的道德問題、強調價值觀、鼓勵自我反省，並幫助學生思考人生的意義和目的，以及想要成為什麼樣的人？老師是否鼓勵自我檢視，培養正義感、同情心和社會責任感？老師有意幫助學生成為具批判思考、好奇心、有創意、有愛心和同情心的人嗎？課程的宗旨和活動是否反映出這些關切？老師是否也努力追求自己的人生目標，重視品格、正義感，並做出實際貢獻呢？這些經歷會與學生分享嗎？

十四、學生是否相信在課堂裡學到的東西與研究有關，能否讓世界有所不同？

十五、老師是否相信學生有能力成長並發展心靈潛力？或者認為能力為與生俱來，不可能改變或進步？老師對智力抱持固定或靈活的觀點呢？

上課無聊怎麼辦？

有人告訴我，從未遇過具啓發性的老師，但還是自己設法變成深入學習、適應力強又有創意的人。不管老師好壞，他們還是督促自己成爲積極進取的學生，提出各種大哉問，即使老師並未做出適當的指導。上課很無聊的時候，積極的學生會主動思索各種可能性、應用與意義，受訪者總是委婉地提到：「我會找些有趣的事情做。」最重要的是，他們會主動探索課外領域，閱讀、思考、探尋、再思索，一名受訪者談到：「有了網際網路，幾乎有無限的可能性。」他們掌控了自身的教育，並爲其內容和品質負最終的責任。

如何讀書？

拿起書本文章要閱讀時，心裡會先想到什麼呢？邁斯特中學（Masters School）CITY課程的老師鄧巴（David Dunbar）表示：「丟一本書叫一個人看，有如將一堆足球滾到草地上，然後叫不懂規則或戰術的人開始踢球。」閱讀有多種形式，方法不同會造成巨大的差異。我們發現，脫穎而出成為極具創意和批判思考的學生，往往自有一套讀書方法。

一、他們帶著意圖看書。在打開書之前，他們心中已有問題：這是什麼樣的書？重點是什麼？與其他科目有何關聯？會如何挑戰我的思維？他們試圖在文字中找到意義，並應用到問題上。就像推理小說中的偵探尋找蛛絲馬跡，他們用問題搜尋字裡行間，產生更多的探詢。他們明白所謂的「文字」只是符號而已，代表書頁之外的一份真實，如一項想法、事件或概念等。他們尋找書頁背後的意義，將書上的文字當作窗口，透過窗口看見別的東西。

二、在開始閱讀之前，他們先猜測將會遇到什麼，一邊看一邊驗證預測或予以丟棄。好的讀者「發明」自己要看的書，他們想像問題和可能的解答，然後與書本互相對照，看看自己猜得對不對。這種方式幫助他們對讀書有感覺，但還有一個重要的目的，正如越來越多的證據顯示，在發現「正確解答」前先做猜測，可幫助人們成為靈活應變的專家，更能克服不尋常的問題。⑦他們喜歡「未知」，也就是一般方式處理不了的情況。如果在「學習」之前就先猜測思忖一番的話，更能體會與欣賞自己的不足之處與專家的解題方法。那麼下一次，他們會更聰明，尋找自己思考的漏洞，如學習專家布蘭斯福德（John Bransford）所指出的，「適應新的情況，通常牽涉到『拋開』先前的想法行為」。⑧其研究發現，若是在看權威說法前先思索過可能的解答，最可能做到適時放手的境界。

三、在閱讀之前，他們會先檢視書本（尤其是非小說類書籍）或文章，從目錄找出宗旨和組織架構的線索，先看摘要部分，瀏覽一遍標題，注意提出哪類證據和主要結論。書中是採歸納或演繹法推論？何時出版呢？我聽過作者嗎？為何作者要寫這本書？他（她）試圖回答什麼重大的問題？一位受訪者告訴我們：「在看一本書之前，通常我會花三十到六十分鐘，大致先提出一些問題。」書裡是否有圖表，能告訴我們什麼？是否為系列書籍？如果是的話，該系列有何宗旨，本書如何融入整個計劃裡？我想從這份作品獲得什麼？我試圖回答什麼問題？這本書是直接談到，或是聚焦在自己關切的重點部分？看學術論文之前，能夠先明白摘要嗎？在看實驗之前，應該先看討論部分嗎？

四、最優秀的學生讀書時會做聯想，思考更廣闊的問題，並會停下來沉思整合。他們在空白處寫下筆記，或是將想法和回應記在筆記本上。有時候他們會苦思問題，而這些努力將會成為讀書的一部分過程。

進行聯想，尤其是在理工科目上，往往意味著將概念具象化，掌握想法，思索意義和應用，尋找推論或實驗的證據，注意程序但經常思考步驟後面的想法，並將獲得的理解應用到更大的問題上。

五、看小說時，他們以各種不同的方式做連結。這部小說和短篇故事是否提出什麼偉大的哲學問題？如何幫助我們面對人生與所居住的世界，或是我想要創造的世界？他們會欣賞一首詩的優美和節奏，也可以探索任何文學是否反映出不同時地的文化。他們會沉思一部作品對於價值和觀點的挑戰，或是分析其符號和隱喻，以及如何引發某些想法和情緒。這是一個追尋的故事嗎？是大千世界的縮影嗎？像是動物園或博物館，而非描述一個旅程？如何用語言來引發某些情緒呢？為什麼讓我哭或讓我笑呢？或是以歡笑忍住淚水？這本書幫我變得更善解人意和富有同情心嗎？幫我加入不同的群體，或是理解作者的價值和觀點？書中如何處理空間、時間、節奏、運動、形體和聲音呢？這些方式與其他學科（如物理）的處理方式有何不同，或是所屬的文化如何處理呢？能幫助我以不同角度看待正義和道德的課題嗎？又如何做到這一點呢？自己對這部小說或戲劇，會採取什麼方式面對？我自己的出身背景，以及塑造自己的家庭、親友和土壤，對其文學信念有何因應與原因？為何某些詞句會營造出強烈的意象、神祕和迷霧呢？例如閱讀像《百年孤寂》這種偉大作品的開場白時：「許多年以後，當布恩迪亞上校面對行刑隊時，他記起那個遙遠的午后，父親帶他去找結冰的情景。」

六、閱讀非小說類書籍時，尋找關聯通常意味著先尋找文章中的推論，並了解雖然所有的論點皆含有結論以及支持結論的前提，但並非所有論點的每個部分都有完整的陳述。換句話說，有些結論雖未明說，但卻已經隱含在文章中，而有時前提也是如此。

當學生將問題拆開來看時，便可以對各個部分提出問題：這些前提支持結論嗎？(即我們常說的「有道理嗎？」) 從相同的訊息，還可以得到不同的結論嗎？有沒有缺少什麼東西？若是接受前提的話，必須接受結論嗎？證據支持結論嗎？論點的主要概念和前提假設是什麼？與其他課堂學到的東西以及人生有何關聯呢？

七、他們評估證據的本質。如果證據來自推論，會追問此番推論有無道理？同樣的證據還可以如何推論詮釋呢？如果證據是觀察而來，會追問是用誰的角度進行觀察，能夠幫助釐清事情嗎？

八、作為積極的學習者，他們看得出文本與其他知識，以及自我觀念之間，存在哪些共識和歧見。兩個信念相同的人，可能會有不同的態度；或者是信念相異的人，但持有相同或不同的態度。以歷史研究為例，兩名學者可能針對美國為何參與第二次世界大戰，抱持相同的看法（信念），然而卻對美國應否參戰，抱持不同的態度。若歧見純粹出自於價值不同的話，無法訴諸證據求取同異；如果是因為信念不同的話，那麼證據會變得很重要。有時候，不同的信念會造成態度相異，但不一定如此。當學生思索這些可能性時，頭腦將變得更清楚，更有系統。

九、許多受訪者看書時會做大綱，然後提綱挈領，不斷濃縮筆記。在一步步的精簡化約中，他們開始判斷證據和結論，推敲證詞和原理原則，注意運用哪些概念，做出什麼假設，並思考其意義應用。許多人隨身攜帶一本字典，查閱不熟悉的字，或是以更好的方式，先從上下文推敲猜測意思，等到有機會查閱時，便能驗證自己的猜測。

十、本書採訪到最優秀的大學生，會同時進行所有的認知活動。他們一邊看書，一邊記憶、理解、應用、分析、組織和評價。但是，許多大學教授在安排課程時，常常是一部分一部分的規劃，而不是以融合貫通的方式進行，會要求學生在深入思考前先記住一大堆資料。可是，人類的大腦並不是這樣子運作，例如請你「學習」（即「記住」）下面的數字：1491625364964 81，你可能會認為做不到，然而若先了解這些數字不過是一到九的數字平方（1×1=1；2×2=4；3×3=9；4×4=16，以此類推），就很容易背起來了。在記住事情之前，我們必須先理解。如果對具有因果關係的問題先行理解，就會更深入、更有意義。若是將想法和訊息拆開，檢視兩者的本質與關係，有助於提高應用能力。若能試著將事情以新的方式重新組合回去，便可增強分析能力。若是以涉及的概念和訊息來評價事物，一切將會變得更有意義（回想瑪麗・安・霍普金斯和父親在家裡車庫拆老爺車，不管是車子或論點，過程都是一樣的）。當布倫姆（Benjamin Bloom）等人列出大腦能夠進行的活動時，包括記憶、理解、應用、分析、組織和評價等，並沒有說要按照順序來做。然而，許多老師在安排學習時，卻是如此認為。

十一、他們裝作是為了教這門課做準備而學習。巴奇（John Bargh）等人很久以前就發現，只要學生以準備教這門課的心態學習，對課程內容可以記得更多而且了解更多。在一項經典實驗中，學生分成兩組做口語練習，其中一組是為自己而學，另一組學生則被告知是為教導其他學生做準備。結果，第二組學生最後即使沒有教別人，對於課程內容的吸收程度卻遠超過第一組學生。⑨最好的大學生不僅運用這點技巧來背誦基本的東西，更善用這項技巧來理解觀念，以及其他應用與影響上。

明尼蘇達州的聖歐拉夫學院（Saint Olaf College）在一堂大型心理學導論課上，

要求學生準備教導小學生部分大學課程。在準備過程中，其中一個學生指出：「要教導小學生相當複雜的科學觀念，你必須絞盡腦汁，強迫自己對這觀念徹底了解，並想出具有創意的方法，設法讓他們搞懂。」[10]這創造出一種連結整合的進階學習方式。

在維吉尼亞大學由考夫曼（Andrew Kaufman）教授的俄國文學課，學生不光是閱讀討論《戰爭與和平》而已，他們到少年觀護中心演講，讓收容人也能認識托爾斯泰。大學部學生要到學校東邊一小時車程的貝蒙少年行為矯正中心（Beaumont Juvenile Correction Center），幫助犯案而被關的男孩。同時，學生讀俄國文學作品，正視人生基本課題：我是誰？為什麼在這裡？要如何度過人生？這堂課的一個學生表示：「這門課是『應用文學』，把文學用在自己的生命中。」要選修這堂課的人，必須向教授提出申請，為自己的教育負責，加入考夫曼等人所稱的「真理團」，在此學生不是僅僅接受知識，而是不停地探索問題與概念。他們一面思索人類存在的深奧問題，一面鼓勵少年犯做同樣的反思，整個過程下來改變大家的思考、行為與感受方式。他們不但和課程主題產生共鳴，也和同學以及貝蒙中心的學員建立深刻的關係。一個學生說：「每個參與者都傾聽他人訴說，互相了解扶持。我第一次能將文學當中的概念應用在生命中，我以前以為文學就只是文學。」另一個學生加上一句：「在這堂課中，我們發言就只是為了想要發言。在其他課程中，我的動力是想畢業，但是在這堂課中，我最重要的動力是不能讓這些青少年徬徨，我必須伸出援手讓他們了解生命。」

俄國文學課的學生忘了分數，許多人都是第一次將焦點放在深度了解。當他們準備課程時，不但是想要對別人解釋事情，更要激發對方深思重要課題，在過程中自己也有了深刻的體悟。一般教育中學生鮮少有教書的經驗，即使有也僅限於口頭報告，而非引導刺激對話。以上這些例子清楚顯示，若學生以當老師的心態準備課程，可以拓展自己對於課程諸多層面進行豐富的探索，增進學習效益。

當學生「研讀」講課內容時，也會有類似全面、廣泛探索的效果。最好的學生隨時都在整合、聯想、詢問以及檢視，有的學生會做兩排課堂筆記，這是一項很有用的技巧，第一項記下重要訊息及想法，第二項寫下問題、提示、猜想、影響、應用與其他可能性。有的學生乾脆在筆記中間畫一條線，把問題寫在左邊，右邊留下來寫訊息、過程與概念等。這樣，他們不會像法庭書記官一樣把所有東西都抄下來，而是聽到新事物時會找機會消化吸收並加以發揮。勤勞的學生會在上課後盡快重新整理筆記，有個學生說：「我在上課時先用很便宜的黃色本子做筆記，然後才重新在正式的筆記本上，整理寫下最後的版本。」

我們並沒有多加研究諾貝爾物理獎得主伊索多．拉比（Isidor Rabi）的教育過程，不過他曾經猜想自己的學習習慣應該歸功於母親：「在不知不覺當中，母親把我變成了一個科學家。」他在布魯克林長大，其他家長總是問孩子，今天在學校學了什麼？而他的母親總是慧心獨具：「寶貝，你今天上學有沒有提出好問題呢？」這種提出好問題的訓練，讓他變成了科學家！⑪

在這些討論之後，我們終於可以了解為何好幾位受訪者聲稱自己「很少準備功課」，但是卻「經常看東看西」了。這當然不是說他們從來不打開書本看書，相反地，他們花在圖書館或實驗室很久的時間，隨時都在探索求知，很少為考試溫習課程或臨時抱佛腳。他們讓閱讀和省思融合為一，自問：我對這個想法與訊息的直覺看法如何？是因為上下文、音韻、發音、形體影響我的看法嗎?和我有什麼關係呢?合理嗎?在其他課程是否討論過類似的概念?最好的學生閱讀、提問、檢視、理解,並且猜測與評估,在這過程中他們徹底了解活用課程內容,而且深烙在他們心中。

溫習課業的方法

不過,適時溫習課業內容還是必要的,學生所採取的方法會產生很大的不同效果。明尼蘇達大學的冬天十分寒冷,校園總是覆蓋著白雪。春天來臨時,白雪開始融化,綻放的番紅花爲大地妝點色彩。一旦空氣不再刺骨,學生會在冬眠的青草綠樹尚未發芽甦醒前,搶先穿上涼快的衣衫,彷彿催促著夏天的來臨。一九六〇年代末,在這樣的環境下,簡金斯(James Jenkins)和海德(Thomas Hyde)進行了一項實驗,徹底改變人們對學習策略的想法。

兩位心理學家將學生分成幾組,讓他們學習一組單字。研究者要求某些學生注意一些細微瑣碎之處,例如單字裡是否包含字母E等,另一些學生則是需要爲這些單字的「愉悅度」評分,換句話說,這些學生必須停下來花腦筋想一想。結果並不出人意料,需要給單字評分的那一組學生，在考試時能夠記得更多字彙。⑫

當學生主動並用心消化課程，學習效果會比無意義地重複千百次，或是只注意一些瑣碎的小地方有用。這個簡單的概念讓後來的心理學家留下非常深刻的印象，接下來四十年研究人員持續尋找更有效的學習方法。根據這項研究的學習指南書不計其數，亞利桑那州大學商學系教授歐尼（Claude Olney）出了一系列名爲「人定勝Ａ」的ＤＶＤ，還發了一筆小財。這些學習策略書籍媒材都具有多項缺失。首先，這些方法專注於背誦記憶以便達到高分，對於深度學習與豐富生活完全不談。甚者，雖然偶爾應用這些策略有助於提高成績，但過度重視Ａ只會讓學生更不可能變成深度學習者，或是能活用教育內容的創意人士。⑬

有沒有能夠兼顧成績並能活絡心智的學習方法呢？我認爲這是可以辦到的，而且已經在本書中最好的大學生身上成功驗證。這些方法自然會在教育研究中獲得支持，不過要在本書實例中獲得理解，必須重新解讀爲數眾多的深度學習的研究文獻才能明白。首先，這些文獻建議應該如何溫習功課呢？

闡述、闡述、再闡述，連結、連結、再連結。問問題、給評價、在心中把玩文字，

在過程中獲得樂趣。簡金斯與海德兩位學者指出，即使是像爲單字的「愉悅度」評分這種傻主意，對於學習也有幫助。上文介紹他們的研究時，特別把場景設在明尼蘇達州冰天雪地的冬天，這種聯想會增加記住他們研究地點的機會，甚至是研究中得到的結論。我們可以做字詞音韻、字義色彩與形狀等聯想，發現越多的連結，就越能增加日後記得的機會。

先理解再記憶。記得前面所舉記一串數字 14916……的例子嗎？任何想記憶的事物都可以用類似的方法，理解是需要深層網絡的連結才能達成，而正因爲這些錯綜複雜的網絡，才能讓人想起事情。我現在正在學寫中文，一開始這幾乎是不可能的任務，我所參考的每本書都建議死記硬背。一直到我發現中文字通常是由幾個部分組成，每個部分有各自的意思。我開始給這些字根部首編故事，也讀流傳的民間與民俗故事，現在中文的「哭」在我看起來像是有兩隻大眼睛的人，還掉了一滴眼淚；「森」看來像是三棵樹木，「好」則是女子和小孩組成。

重複、重複、再重複。不論我再怎麼聯想，唯有一再複習才可能記住一些中文字。要怎麼重複呢？應該在考試前一晚重複數百次，還是在幾天或幾週的時間中分成多次溫習？勤奮的學生會花很多時間，試圖一口氣記下歷史日期、人物姓名、細胞組成等等細節。不過，最近研究發現，這種傳統作法其實是浪費時間。

想想看大腦的運作方式，當遇到新事物如一個新的字彙時，我們會立刻逐漸忘記它，一天後可能完全想不起來了。第二次遇到相同的東西時，會延長記憶維持的時間，第三、四次更是如此。每次看見，就能夠再維持久一點而不會忘記，如果快要忘記前，再回想複習一下，就能在腦海中重建新鮮的印象。然而，間隔多久溫習對考試作答最有效，或者最能影響日後自己的思考、行爲與感受呢？

雖然研究至今未能對這個問題提出確切的答案，本書受訪對象所使用的方法似乎與經驗符合。基本上，這些優秀的學生都會分開溫習，更重要的是，溫習時還會跟其他事物做聯想。有人試圖研究出最佳的溫習時間間隔，基本上每次間隔會越拉越長，像Pimsleur 等流行的語言學習軟體，就是根據這個道理設計。每次遇上一個新字，幾秒鐘後就會立刻複習第二次，一分鐘後再遇上第三次，幾分鐘後出現第四次，而第九次複習可能是在第二天才會發生。一些電腦輔助的速記卡如 SuperMemo 或 Anki 等，號稱使用效果最好的複習間隔，甚至聲稱更多的複習徒然浪費時間而已。雖然很多實證研究人員質疑這種說法有無足夠的證據，不過全球已有數百萬語言學習人士採用這類複習時程設計的教材而受益，這種方法也在歐洲翻譯學院與中國的外語學習中心日益流行。[14]

總之，花幾個星期分開複習比挑燈夜戰有效，不過在考試前重新溫習一次當然也會提高回答的正確度，而這正是本書訪談對象所採用的方法。最好的大學生時時閱讀，時時反思，整理自己的上課筆記，讓自己沉浸在上課內容中。赫胥巴赫等人擷取重點的重點，富勒在寫論文時不斷寫下自己的想法，使用不同的語言文字呈現，直到最後變成她自己的話。

複習太多會浪費時間嗎?可能吧，尤其是等到考前最後關頭才囫圇吞棗的話。把溫習時間拉開，會縮短讀書的總時數，而比熬夜得到更好的學習效果。電腦輔助複習能幫助你記住艱難生澀的事物，讓人有更多時間學習其他比較不用靠記憶的新知。

不過，最有效的複習是出現在具有意義的情況或場合。例如，我從語言錄音帶的模擬對話中所學到的，總是比翻速記卡還多。我在有趣的文章段落中記起來的中文字，總是比死盯著速記卡上的圖案更多更有用。

測驗比練習有用。越來越多證據顯示，在背單字時若對自己做測驗，即使答錯也比直接反覆溫習有效。用考試測驗的方式從腦子深處挖東西時，會發生一些巧妙的反應。尋找、試圖回憶，以及重建記憶的過程會在腦中建立強烈的連結，而重複閱讀材料卻無法產生同樣的印象。這就是爲什麼對別人解釋某觀念，會幫助自己了解與記憶，在這種環境下，會對自己回憶的能力進行測試，例如在聽語言錄音帶時，我會在旁白者念出答案前按下暫停鍵，試圖自己回答適當的對話，這讓我事半功倍。每當人們想起一件事時，就會重建記憶，而測驗所激發的反覆重建有助於記憶形成。有些學生表示會組織讀書小組，互相考對方，也輪流當小老師教大家。

假設一開始測驗時完全不會，只是亂猜答案而已，那麼對於記憶形成有幫助嗎？不是應該至少先學習一下，再開始測試嗎？一開始猜錯的挫折，肯定會對學習造成反效果吧？然而，根據最近一項加州大學洛杉磯分校的研究，其實完全相反。實驗中，心理學家要學生以兩種不同方式學習同樣的教材，一半的學生必須在知道正確答案前就考試，只能亂猜答案，第二組學生則不用。在後來的測驗中，哪一組學生表現較好呢？結果，雖然第一組學生在模擬考中全都答錯，他們在眞正測驗時表現比另一組學生好得多。在另一個類似實驗中，第一組學生先讀一篇有關視力的文章，然後接受測驗看看記得多少，而另一組學生先考試，再讀文章，然後再考試。即便第一組學生所讀的文章中，所有應考內容都已用螢光筆和斜體字加強重點，然而，先瞎猜過的學生表現還是好很多。⑮

你一直在同一個地方讀書嗎？請不要這麼做。在不同地方學習會製造變化，這種多元經驗對於學習有加強效果。蒂雅・富勒等人建議我們在不同地方念書，而不是總是選自己最喜歡的角落，這也反映出學習研究的結果。許多研究一再發現，輪流在兩個地方念書比同一地點更能幫助記住學習內容。在最早的實驗當中，兩組學生學習一串字彙，第一組學生兩次都在同一地點讀書，而另一組學生則到兩個不同地點念書。結果進行測驗時，學習過程中有換過地方的那組學生，表現遠超過對照組。因爲變化會造成豐富的連結，有時候這些在下意識的背景中形成的連結，遠遠超越我們正在思索的事物。⑯

不要分心多工，不過，應該同時複習兩門以上的學科。聽起來好像很矛盾，其實不然。一邊溫習歷史一邊看電視，或是一邊打電玩一邊寫期末報告，只會讓人無法專心眼前的事。許多實驗都發現，人腦不能同時處理兩件不同的任務，除非其中一件是經年累月重複進行的事，例如一邊走路一邊說話沒什麼大問題，不過一邊看電視一邊看書是不可能的事，這麼做只會事倍功半。⑰

你可以自己試試。首先，依序寫下A到Z的所有字母，然後寫下1到26個數字，再來依序交錯寫下數字和字母，即1、A、2、B等。計時的話，會發現這樣做的時間遠超過先把字母寫完、再把數字寫完的時間。因此，多工化在人腦上是行不通的。

然而，學者發現若學生能夠時時整合不同科目，將會有助於記憶與理解，即使是像歷史和化學這種好像搭不上邊的科目，因爲同時學習兩種學科，有助於建立整合。最好的方式可能是輪流學習兩科目，時時注意兩者的相關性，以及交流彼此的觀點角度。例如，赫胥巴赫就看到聚合物研究與二次大戰的結果有關，因爲化學研究讓美國得以發展人造橡膠，而此時日本卻急著試圖征服東南亞的橡膠生產國。

找一個或兩三個很安靜並讓人專心的地方來讀書。有學生相信一邊讀書一邊聽音樂有助於學習，或許對某些人眞的有效，不過在這方面的研究並無定論。有些實驗發現，不論個性內向或外向者，聽音樂都有害學習，不過這對內向的人影響更大。⑱另一些研究則發現，器樂比歌聲好一點，不過兩者都會讓學習分心。這應該是因人而異，應該由自身經驗做判斷，不過要記得對自己誠實，區分自己想做以及眞正有效的方式。

適度運動。最近許多研究證明，規律而持續的運動、定時而充足的睡眠，以及健康均衡的飲食，都有助於大腦與學習。例如，規律有氧運動會增加腦部海馬體的大小，這個區域正與記憶的形成有關。⑲ 紐約大學神經科學教授溫蒂・鈴木（Wendy Suzuki）發現，上課前先花一小時做有氧運動的學生，學習效果顯著勝過直接到課堂上課者。⑳ 貝克老師早在大量醫學研究證據出現前，就已明白這個道理，他規定在上能力整合課之前，學生都必須從事發聲練習和運動。

在知道任何事情前，先大膽假設答案與連結。當遇上一道數學難題或歷史謎雲時，先去猜想各種可能答案，並發展出種種假設，不要呆呆等著別人給你答案。不過在這麼做的同時，必須記得這些純粹臆測是必須接受驗證的。

寫作的祕訣

寫作的祕訣就是去寫。許多研究證據顯示，書寫在各方面都有很大的助益，尤其是寫些檢視自我、人生、價值觀，甚至是重大創痛的經歷等。在文學作品中，這些例子爲數眾多。第三章提到，在科羅拉多大學的物理系學生當中，每學期花兩次十五分鐘時間寫下自己最重視的價值者，一般在期末都會獲得較好的成績。日本一項研究發現，花時間寫下重大創傷經驗的大學生會增加記憶容量。㉑北卡羅來納大學的社會科學家也獲得類似結果：大學新鮮人一入學就被要求寫下個人「思想與感覺」者，會顯著增加記憶容量，而被要求書寫一般文章的學生則無此效果。㉒在研究了抒發寫作幾十年之後，心理學家潘納貝克（James Pennebaker）發現更多益處，他指出：「把個人遭遇挫折時的想法與感觸寫成文字，對於身心健康有莫大的幫助。」㉓

「寫下你們至今的人生故事，以及對於所有事情的反應。」貝克老師一開始就這麼要求學生，至於寫作方式，甚至寫作內容都不是那麼重要，也沒有所謂對與錯，「想用鉛筆或蠟筆寫都隨便你。」重要的是，檢視自己、認識自己的工作模式。在第二項練習中，他給學生一個單字，然後要學生自由發揮，寫下任何想到的東西，完全不拘形式規則或內容。

在貝克老師的課堂和相關的心理學實驗中，形式或文法無關宏旨，表達想法才是重點。自由寫作好處多多，不過任何學生終究是會遇到需要推敲作文的場合，這時候練習與接受建議有很大幫助。從本書主人翁的經歷思想中，有沒有值得與我們分享的呢？

首先，最重要的一點是了解寫作的本質，一個受訪者如是說：「學習寫作代表的意義，在於加入一個團體並接受其標準。」什麼是對的，什麼是錯的？某群體的作者與讀者已經具有一定準則與期盼，這些準則雖然因領域而異，不過其存在多半自有道理，而且已經過長期的發展成熟。這些準則讓一篇文章清楚有力、合乎邏輯，並具說服力。用語或標點本身並沒有「對錯」，只是符不符合該社群的期待。

其次，讀好書有益於增進寫作能力，反之亦然。就像所有聰明的新手，好學生會注意到名師的生花妙筆，看見佳句能加以鑑賞，時間一久自然能學習仿效。他們尊重長期以來讀者與作家傳承下來的語言規律，並懂得見賢思齊，最後也能在傳統上創新，將語句重組倒裝，在過程中了解與創造遣詞之美。他們知道讀者的期待，不過在滿足期待後，他們總是知道在何時寫下驚人一語。

最後，想要寫出別人想看的作品，需要認眞投入時間練習。學習寫作，得靠不斷練習和尋求意見的回饋，本書訪問到的最優秀的學生，會去上相關的課程加以磨練。但是他們學習的場所，絕不僅限於學校而已，因爲極想擁有清楚透徹的思考與表達能力，所以會不斷努力。天文物理學家尼爾・泰森曾經出版九本科普讀物以及不計其數的文章，從前他也在寫作上奮戰過一番。他一直很欣賞《紐約客》裡頭的文章，表達得既清晰又深入，他提到：「我會注意語言的精準與力道，以及文字排列組合的趣味，一直嚮往能有如此精采的文筆。結果，我總共花了十年光陰，才能寫出媲美《紐約客》作品的文采。」

要加入圈子嗎？

我不是在講加入哪個希臘字母的兄弟會或姐妹會，本書受訪者中只有少數加入兄弟會、姐妹會或社團，大多數都沒有。這裡講的是，要不要參加大學這個學習圈，有其規則和期許，包括何時該完成工作，和如何引用他人的想法和文字。

我們進入大學時，是進入一個已有幾百年歷史的陌生世界。在這個圈子念書學習的人，發展出形形色色的規則，可惜沒有人費心出版這種紀錄，甚至是記下所有規定。有些事情大家都知道，但卻不會向學生解釋過。可以說，進入大學好比到達一座神祕城市的入口，有人告訴你必須猜出所有密碼，才能通行街道。正如雪莉·卡夫卡聰明地發現了：「我很早就想通了，每個學校有各自的文化，我要做的事情就是到一個學校了解它的文化。」㉔

例如，數理科目上的讀寫可能與英文科目大相逕庭。一篇報告拿高分了，到另一堂課可能被打低分。當然，這不是說大學的標準毫無章法可言，其實每個學科之間都具有共通的基準，至於爲何科學家的寫作方式不同於新聞記者，通常也有很好的理由（雖然科學家和學者可以從新聞記者拿捏文字中多加學習）。不過，要將所有規則搞清楚，確實是很難的挑戰。

學生來到大學的門口，擁有各種不同的背景，對於前頭等待的文化也有不同的理解程度。每個人都有機會決定自己是否要加入這個圈子，遵守遊戲規則，或者永遠當個局外人。除了其他事情之外，這代表要學習所有引用與註解的規則，以及了解何謂抄襲。最成功的大學生們發現，他們不但能做到這一點，同時仍然對自身教育擁有很強的控制權。現在，我用大學文化中一項很重要、但仍有爭議的事情來說明，那就是晚交作業的規定。

大學裡通常會有規則，規定何時應該完成作業。我個人認爲，這些標準最難捍衛，但是大多數同仁並不同意。偉大的創作不一定能符合某些時程的要求，然而在節奏快速的現代社會中，遵守期限有時是必要的。相較於老祖先有那麼複雜的計時單位，以漫長的年月季節思考，而現代人則是以分秒計時或思考。我經常告訴學生，除非是想將某份作業當成一輩子的工作，否則需要按時完成，才能繼續下一項功課。我老實說，自己沒有辦法給學生更多時間，唯有死神才能做到這點。你花越多時間在這項作業上，餘生就會越少。

有時候，在規定時間前完成功課，對於維繫整個學習社群的完整性很重要，德瑞克・貝爾（Derrick Bell）在紐約大學上法學院便是這種情況，因爲他們的教育是靠每個學生互評功課與分享意見而成。然而，大多數情況下，最後期限的訂立是強制的，但是不管「到期日」的訂定是否有理由，或是教授隨意訂下，聰明的學生必須決定何時遵守，換到下一個計劃，何時又應該挑戰，或至少提出質疑。本書有些受訪者在嚴格的規定下遇到重重阻礙，必須請老師給予更多的彈性，伊麗莎・盧的情形就是如此，在姐姐自殺過世後，她便請老師通融，最後完成了榮譽論文。

幾年前在美國西北大學的時候，我教一堂有關冷戰的課。我請學生閱讀丹納（Mark Danner）的椎心泣血之作《厄爾莫茲特大屠殺》（*The Massacre at El Mozote*）。丹納是一名記者，這個故事講述了一九八一年十二月在薩爾瓦多內戰期間，一支由美國訓練的部隊進入一個小村莊殺光所有百姓，包括男人和老弱婦孺，只有幾個人爬進樹叢裡逃過一劫。丹納將這場大屠殺比喻爲冷戰的象徵，意味著國際衝突不只是美蘇之間的角力鬥爭而已。我請學生閱讀丹納的作品，然後思考作者是否已完全捕捉到這場事件的全部意義。

在討論這本書之後，班上有一名學生喬爾來找我，提出一個特別的請求。他表示對於這本書很有興趣，想要做學期報告進一步說明。原本，我請每位學生找一項歷史題目，收集證據，提出結論，然後分享作品。我告訴他：「你可以寫一篇論文，進一步闡述自己的歷史論點。」但是像往常一樣，我半開玩笑地加上一句：「你也可以拍電影或寫劇本，但我最感興趣的是你的研究和理解能力。」大部分學生都寫了一份傳統的報告，但喬爾不是。

他想寫一齣戲，描寫厄爾莫茲特發生的事情，探討這件事在冷戰中代表的意義，以及爲何雷根政府試圖壓抑消息，而美國新聞媒體又大都忽視或甚至否認有此大屠殺事件。然而，要做到這一點，他需要做更多的研究。

他告訴我，除非有更多的時間，否則無法做到，「這堂課我需要延長時間。」因爲西北大學這種學校相當重視學生在四年內完成學業，校方不願意開放讓學生延長期限，但是我同意喬爾的要求。那年夏天，他進行了更多的研究，完成了劇本。到了秋天開學後，他找來一批學生演員、燈光師、布景和服裝設計師，讓所有人組成一堂研討會課程，討論一九八〇年代中美洲的冷戰。這些演員花時間進行排演，最後在校園上演兩週，門票一掃而空。

但是，故事並沒有結束。厄爾莫茲特事件繼續困擾著喬爾，一年後他從大學畢業，隻身前往薩爾瓦多尋找更多的故事。他會說西班牙語，但是也僱用一名翻譯，到處尋找可以告訴他該國內戰期間發生什麼事情的人。他看過阿根廷研究人員的檢驗報告，他們曾在當地挖到三百多具殘缺不全的屍體。他也找到盧菲娜・阿馬亞（Rufina Amaya），她躲在樹叢裡逃過一死，然而卻得眼睜睜聽著九歲的兒子淒厲地哭喊：「媽媽，他們要殺死我了……」

喬爾指出：「那趟薩爾瓦多之旅對我的人生產生了深遠的影響。」他在那裡的難民營待了一陣子，當地許多農民在內戰期間逃到此地。他聽到無法言喻的恐怖故事，包括一名婦女在山間逃難躲避多年，當年她身陷兩軍交火之間，抱著小寶寶跑了幾哩遠，最後停下來時，才發現小孩的頭部已遭子彈射穿。她將孩子埋了，但是卻「發了瘋」，在山上住了好幾年，大多數時間衣不蔽體地到處遊蕩，像動物般生活。直到馬蒂民族解放陣線（FMLN）發現了她，將她帶回文明世界。喬爾便是在她住的難民營中，遇到了她。

在經歷過這些事情後，喬爾表示：「我決定做一些事情來幫助人們，爲世界帶來一點點的正義。」他進入亞利桑那大學法學院，雙修拉丁美洲研究。四年後畢業時，他同時拿到法學博士學位和拉丁美洲研究碩士學位。在通過律師考試後，他找到公設辯護人的工作，爲窮人提供法律服務。我們在第二章時第一次提到他，最近他對我說道：「我不能改變整套系統，但是我可以幫助個人，將小小的正義帶到他們的生命中。我的法學院之旅以及這份重要的工作，是從看那本書與走一趟薩爾瓦多找尋厄爾莫茲特開始的。」

他在我班上的作業遲交了六個月，但那眞的重要嗎？

如何搖滾人生？

讓我們回到最初的討論，以及從本書受訪者的成功與創意所反映出來的中心思想。我們並不是決定自己要有創意，就會變得有創意；並不是決定自己要成功，就會成功。重點甚至不是放在自己身上！當然，我們需要和自己展開對話，了解自己的工作模式，但是重點應該放在自己想要學習什麼、看見什麼、做些什麼與改變什麼，自己又有什麼疑惑呢？想想看，有哪些熱情驅動自己，而不是只靠自己對追求創造力的情感或欲望。若只是急功近利，或是想用創造力出名，極可能事與願違，離功成名就越來越遠。除了自己之外，本書的受訪者會尋找世界上最能吸引他們注意與興趣的事物。至於所謂的功成名就，都是全心投入手邊的問題和工作時的附帶產物。我們必須有關心的事物，然後讓熱情帶動生命。

結語

今天的大學生面臨著巨大的壓力，是本書許多受訪者未曾經歷過的，或至少程度並不相當。社會、經濟、政治和文化上的壓力，迫使學生採取表面學習或策略學習的方針。隨著高等教育的費用增高，再加上政府補助減少，許多學生爲支付教育費用，而背負龐大的債務。他們經常感受到壓力，想盡快完成學業，以便減少負債，並開始賺錢來還債。他們看重賺錢，勝過人生其他目標，不這麼做的話，便會爲自己的未來感到恐懼。誰又能責怪他們呢？許多人求學時得打工，減少了隨好奇心深入學習的機會。深度學習需要時間，然而許多人覺得這是奢侈品，自己負擔不起。在這種情況下，例行專家聽起來也許就夠好了，而靈活型專家則是遙不可及。

教育系統長期發展下來，有些學生只經歷到傳統強調表面和策略學習的教育型態。事實上，在許多地方都強調這套系統。社會想知道學生有沒有在念書，而教育到底值不值得投資，所以在師生身上使用標準化測驗，以便找到答案。這些考試改變了一切，不斷鼓勵大家加強記憶背誦，而非眞正的理解。

即使是沒有標準化考試的壓力，有些教育工作者會獎勵表面學習，因爲基於錯誤的信念，認爲這樣對有些人就足夠了。最近有一名教授告訴我：「我們需要一些表面學習者，只要知道如何處理好例行事務就夠了。」他根本不知道理解之後會增強記憶，而且每個人都有可能面臨艱難的問題，需要思考和理解的能力才能處理，學生在大學裡獲得的例行性專長，恐怕很快就過時而不適用了。我覺得他的學生很可憐，但是並不只有他們才這樣，所有的學生都會遇到某些不好的教育經驗，鼓勵大家把學習當作記憶背誦的能力而已。即使是最好的學校，通常也會促使學生尋找捷徑，一名學生說道：「當我進入大學，甚至在高中時，所有輔導老師都告訴我先把必修課搞定再說。」

想控制自身的教育，達成本書所談的目標，需要極大的勇氣和付出。然而，這可能是唯一讓大學生活有意義的方法，肯定也是最可能帶來自我滿足的方法。沒有人可以保證你獲得「長期」的成功，但是可以學會終身學習和靈活適應的技巧，就不必擔心前頭有何「驚悚之事」正在等待你。在本書中，我提供了許多例子，有些人成長於艱困的環境，他們克服了障礙，找到了自己選擇的人生道路。大部分的人將偶然的失敗受挫，視爲是幫助了解自身、尋求新機會，或重新界定人生目標的事情。記住，人人都會發生做錯事需要更正的時刻，只要對於失敗能夠採取正確的因應之道即可。若是明白自己能夠做到的特殊貢獻，並培養出從他人創作汲取養分的能力，便能展翅高飛，成爲一個有好奇心、創造性和批判性思考的人。

致謝

本項研究和寫書的點子首度浮現於二〇〇四年，從我先前《訂做一個好老師》這本書而來。其中，有兩個人扮演重要的角色，瑪莎・貝恩（Marsha Bain）從頭到尾參與，協助包辦一切事宜，幫忙確認研究對象、聯絡採訪、記錄整理等，並協助探究這些人學習經歷的背後想法，再與人類學習與創造力的研究文獻進行比較。二〇〇七年與編輯諾爾小姐（Elizabeth Knoll）午餐會談，讓這項計劃具體成形。而哈佛大學出版社願意出資協助出版，帶來無比的鼓舞，雖然我後來婉拒了。一如既往，諾爾小姐一路給予本書文稿很棒的建議，若無她傾囊相授，本書將有所不足。哈佛大學出版部的布里克小姐（Kate Brick）也對文稿提供一些非常有用的建議，讓本書著實增色不少。

這本書的研究與完成，獲得許多人的支持與幫助。我的家人 Tonia Bain、Al Masino、Marshall Bain 與 Alice Yuan，不斷給我加油打氣，提出令人深思的建議，帶動這本書向前邁進。而我最大的激勵來自於未來的兩名大學生亞當（Adam Bain）和奈森（Nathan Bain），以及未來的孫子女。當我寫下每個字句、發展出每個想法、構思每個章節時，我不斷在心中想像，未來十五年內這本書將會如何與他們激盪發展。

我特別要感謝願意接受訪問的人們，他們爲人處事都相當令人敬佩。所有的故事對本書提出的結論都十分重要，即便最後我沒能使用所有的學習傳記。我也想要謝謝兩位同事 Julie Dalley 和 Cigdem Talgar 幫忙閱讀初稿給予建議，還要感謝 Joy Deng 協助整理註解的部分。感謝學校裡的工作夥伴 Terry Prescott、Denise Slaughter、Benyi Inyama 和 Salome Amoussou 的協助，讓我這個繁忙的教務長在面臨諸多重責大任下，還能交出這份作品。最後，感謝 Allen Sessoms 在二〇一一年夏天提議我擔任哥倫比亞特區大學教務長的工作，並同意延遲到二〇一二年一月就任，好讓本書文稿順利完成。

註釋

1 好學生成功的根源

①貝克老師的談話來源爲一九六二年的課堂筆記、雪莉・卡夫卡與其他同學的回憶，以及一九七〇年代貝克老師出版書籍裡的紀錄：Paul Baker, *Integration of Abilities: Exercises for Creative Growth* (New Orleans: Anchorage Press, 1977)。

②其中一則傳奇故事是有關於福瑞德・史密斯（Fred Smith），他在大學裡寫了一篇報告，誕生了後來價值數十億美元、從田納西州發跡的聯邦快遞公司。傳說史密斯這篇論文拿了 C，但是他聲稱自己記不得了。“Fred Smith on the Birth of FedEx,” *Businessweek*, Online Extra, Sept. 20, 2004，參見 http://www.businessweek.com/magazine/content/04_38/ b3900032_mz072.htm。

③I. A. Halloun and D. Hestenes, “The Initial Knowledge State of College Physics Students,” *American Journal of Physics*

53, no. 11 (1985): 1043-1055.

④ Michelle Brutlag Hosick, "Growing Power CEO Is NCAA's Theodore Roosevelt Recipient," *NCAA Latest News*, December 1, 2011. http://www.ncaa.org/wps/wcm/connect/public/NCAA/Resources/ Latest+News/2011/November/Growing+Power+CEO+is+NCAAs +Theodore+Roosevelt+recipient.

2 如何打造專家

① A. Fransson, "On Qualitative Differences in Learning: IV. Effects of Intrinsic Motivation and Extrinsic Test Anxiety on Process and Outcome," *British Journal of Educational Psychology* 47, no. 3 (1977): 244-257; G. Gibbs, A. Morgan, and E. Taylor, "A Review of the Research of Ference Marton and the Göteborg Group: A Phenomenological Research Perspective on Learning," *Higher Education* 11, no. 2 (1982): 123-145; E. J. Rossum and S. M. Schenk, "The Relationship between Learning Conception, Study Strategy and Learning Outcome," *British Journal of Educational Psychology* 54, no. 1 (1984): 73-83.

② N. Entwistle, "Strategies of Learning and Studying: Recent Research Findings," *British Journal of Educational Studies* 25, no. 3 (1977): 225-238; F. Marton and R. Säljö, "On Qualitative Differences in Learning: I. Outcome and Process," *British Journal of Educational Psychology* 46, no. 1 (1976): 4-11; F. Martin, D. Hounsell, and N. Entwistle, eds., "The Experience of Learning: Implications for Teaching and Studying in Higher Education," 3rd (Internet) ed. (Edinburgh: University of Edinburgh, Centre for Teaching, Learning and Assessment at the University of Edinburgh," 2005). http://www.tla.ed.ac.uk/resources/EoL.html.

③G. Hatano and Y. Oura, "Commentary: Reconceptualizing School Learning Using Insight from Expertise Research," *Educational Researcher* 32, no. 8 (2003): 26-29; T. Martin, K. Rayne, N. J. Kemp, J. Hart, and K. R. Diller, "Teaching for Adaptive Expertise in Biomedical Engineering Ethics," *Science and Engineering Ethics* 11, no. 2 (2005): 257-276; G. Hatano and K. Inagaki, "Two Courses of Expertise," in *Child Development and Education in Japan*, ed. H. Stevenson, J. Azuma, and K. Hakuta, 262-272 (New York: W.H. Freeman, 1986).

④S. B. Nolen, "Reasons for Studying: Motivational Orientations and Study Strategies," *Cognition and Instruction* 5, no. 4 (1988): 269-287; S. B. Nolen, "Why Study? How Reasons for Learning Influence Strategy Selection," *Educational Psychology Review* (*Historical Archive*) 8, no. 4 (1996): 335-355.

⑤E. L. Deci, "Effects of Externally Mediated Rewards on Intrinsic Motivation," *Journal of Personality and Social Psychology* 18, no. 1 (1971): 105-115; E. L. Deci, "Intrinsic Motivation, Extrinsic Reinforcement, and Inequity," *Journal of Personality and Social Psychology* 22, no. 1 (1972): 113-120; E. L. Deci and R. M. Ryan, "The Paradox of Achievement: The Harder You Push, the Worse It Gets," in *Improving Academic Achievement*, ed. Joshua Aronson, 61-87 (Boston: Academic Press, 2002). http://www.sciencedirect.com/science/article/B8651-4P9TW7V-9/2/fa234fce5f4141cc44f495a1ab1487f6.

⑥首先，他們邀請二十四名學生玩索瑪立方塊（Soma Cube）的遊戲。一組方塊是由七個形狀奇怪的積木所組成，這些積木可以拼成各種不同的組合，包括一個正立方體，這款遊戲可以拼出上百萬種組合，但關鍵是拼出指定的形狀。這些學生們分別進入心理研究中心，遇到了這個奇怪而有趣的小遊戲。

剛開始每個人拿到四張圖案，然後得動腦筋用索瑪立方塊拼出來。過了一些時候，實驗者離開房間，到隔壁的房間以單向玻璃觀察學生，看學生在沒有人指示或鼓勵的情況下，會自己玩索瑪立方塊多久時間。旁邊還擺上最新期的《時代》、《紐約客》和《花花公子》等雜誌，想要誘惑學生，讓他們忘了解開遊戲。

幾個星期後，同一批學生再度回來進行實驗。這次也是學生各自來報到，程序也都相同，不過一半的學生（設爲A組）做對了，會得到現金獎勵。實驗者同樣離開八分鐘，A組的學生既然有獎金可以拿，當然卯起勁來花更多時間玩索瑪立方塊，而這正是實驗者希望的。其他學生則不知道有這等好康，玩遊戲的時間和上次相同。一週之後，這批學生第三度回到實驗室，發生一件奇妙的現象，讓我們可以好好思考，學校教育的一些作法會如何破壞學生的好奇心，而創意獨具的人們又如何避免落入這種陷阱。這次心理學家告訴第一組學生不會再發給現金獎勵，第二組學生則照樣自己進行遊戲。當實驗者離開房間八分鐘時，前一次拿到獎勵的A組學生似乎驟然失去興趣，玩遊戲的時間大幅減少，而從未得過實質報酬的學生，投入遊戲的時間則與上回相同。

⑦ E. L. Deci and R. Flaste, *Why We Do What We Do: The Dynamics of Personal Autonomy* (New York: G.P. Putnam's Sons, 1995).

⑧ A. W. Astin, H. S. Astin, and J. A. Lindholm, *Cultivating the Spirit: How College Can Enhance Students' Inner Lives* (San Francisco: Jossey-Bass, 2011), 3.

⑨ 土桑源自於十八世紀的一個傳教村落，原先屬於西班牙殖民地的一部分，後來成爲墨西哥北部的前哨。當地居民的祖先起源可追溯自數千年前聖塔克魯茲河畔的豐富文化遺產，他們有時會與歐

洲墾荒移民發生激烈爭鬥，但是後來慢慢地與西班牙新移民通婚，共同孕育出西語裔（拉丁）文化。十九世紀中葉，美國侵略墨西哥，控制了北半部，包括今日亞利桑那州的大半部。五年之後，美國迫使墨西哥人將土桑附近的土地出售，因為有些美國人想通過該區，興建一條橫跨北美大陸的鐵路。

到了二十世紀末期，許多當地的西語裔人口，包括長久世居該地的家庭，以及從南方跨越邊界來的新移民，時常感覺到自己遠離政經權力與教育機會。土桑的西語裔人重視傳統文化，然而時常發現自己成為嘲諷戲謔的對象，習慣、語言與起源都受到輕鄙，也常常被當成憎惡與恐懼的箭靶。拉丁裔社區的貧窮率一向居高不下，而好的工作與教育機會日益難尋，使貧窮現象越發惡化。人口普查中所稱的「非西語裔白人」掌控絕大部分的政經地位，然而他們大都害怕墨西哥的移民「入侵」，有時也會將當地的拉丁裔美國人和墨西哥人搞混。

⑩ M. E. P. Seligman, *Helplessness: On Depression, Development and Death* (New York: W.H. Freeman, 1975).

3 如何管理自我

① I. Halloun and D. Hestenes, "Modeling Instruction in Mechanics," *American Journal of Physics* 55, no. 5 (1987): 455-462; I. A. Halloun and D. Hestenes, "The Initial Knowledge State of College Physics Students," *American Journal of Physics* 53, no. 11 (1985): 1043-1055.

② W. W. Maddux and A. D. Galinsky, "Cultural Borders and Mental Barriers: The Relationship between Living Abroad and Creativity," *Journal of Personality and Social Psychology* 96, no. 5 (2009): 1047-1061.

③K. W. Phillips, K. A. Liljenquist, and M. A. Neale, "Is the Pain Worth the Gain? The Advantages and Liabilities of Agreeing with Socially Distinct Newcomers," *Personality and Social Psychology Bulletin* 35, no. 3 (2009): 336-350.

④鱷魚大腦的學名爲「amygdala」，但是聽起來不太有趣。

⑤蘭格研究的相關引用，來自於 E. J. Langer, *The Power of Mindful Learning* (Reading, MA: Perseus, 1997)。蘭格的一些研究可以參看 L. P. Anglin, M. Pirson, and E. Langer, "Mindful Learning: A Moderator of Gender Differences in Mathematics Performance," *Journal of Adult Development* 15, no. 3-4 (2008): 132- 139; L. L. Delizonna, R. P. Williams, and E. J. Langer, "The Effect of Mindfulness on Heart Rate Control," *Journal of Adult Development* 16, no. 2 (February 2009): 61-65; E. Langer, M. Djikic, M. Pirson, A. Madenci, and R. Donohue, "Believing Is Seeing," *Psychological Science* 21, no. 5 (2010): 661-666; E. Langer, M. Pirson, and L. Delizonna, The Mindlessness of Social Comparisons," *Psychology of Aesthetics, Creativity, and the Arts* 4, no. 2 (2010): 68-74; E. Langer, T. Russel, and N. Eisenkraft, "Orchestral Performance and the Footprint of Mindfulness," *Psychology of Music* 37, no. 2 (2009): 125-136。

⑥E. J. Langer and A. I. Piper, "The Prevention of Mindlessness," *Journal of Personality and Social Psychology* 53, no. 2 (1987): 280.

⑦史坦維奇的引言來自 K. E. Stanovich, *What Intelligence Tests Miss: The Psychology of Rational Thought* (New Haven: Yale University Press, 2009)。

⑧Drew Westen, *The Political Brain: The Role of Emotion in Deciding the Fate of the Nation* (New York: Public Affairs, 2007).

⑨K. E. Stanovich, "Rational and Irrational Thought: The Thinking That IQ Tests Miss," *Scientific American Mind* 20, no.

6 (2009): 34-39.

⑩「設在過去」，http://reacting.barnard.edu。

⑪相關的訪問影片與紀錄可見於 http://www.videojug.com/interview/stephen-fry-learning。

⑫J. Kounios and M. Beeman, "The Aha! Moment," *Current Directions in Psychological Science* 18, no. 4 (2009): 210-216.

⑬有關刻板印象威脅研究的深入討論，可參見 C. Steele, *Whistling Vivaldi: And Other Clues to How Stereotypes Affect Us* (New York: W.W. Norton, 2010)，以及 C. M. Steele and J. Aronson, "Stereotype Threat and the Intellectual Test Performance of African Americans," *Journal of Personality and Social Psychology* 69, no. 5 (1995): 797-811; C. M. Steele, S. J. Spencer, and J. Aronson, "Contending with Group Image: The Psychology of Stereotype and Social Identity Threat," *Advances in Experimental Social Psychology* 34 (2002): 379-440。

⑭J. Aronson, M. J. Lustina, C. Good, K. Keough, C. M. Steele, and J. Brown, "When White Men Can't Do Math: Necessary and Sufficient Factors in Stereotype Threat," *Journal of Experimental Social Psychology* 35 (1999): 29-46.

⑮N. Ambady, M. Shih, A. Kim, and T. L. Pittinsky, "Stereotype Susceptibility in Children: Effects of Identity Activation on Quantitative Performance," *Psychological Science* 12, no. 5 (2001): 385-390; M. Shih, T. L. Pittinsky, and N. Ambady, "Stereotype Susceptibility: Identity Salience and Shifts in Quantitative Performance," *Psychological Science* 10, no. 1 (1999): 80.

⑯L. E. Kost-Smith, S. J. Pollock, N. D. Finkelstein, G. L. Cohen, T. A. Ito, and A. Miyake, "Gender Differences in Physics 1: The Impact of a Self-Affirmation Intervention," in *AIP Conference Proceedings* (2010) 1289: 197.

4 如何學習擁抱失敗

① C. S. Dweck, *Mindset: The New Psychology of Success* (New York: Random House, 2007).

② C. I. Diener and C. S. Dweck, "An Analysis of Learned Helplessness: Continuous Changes in Performance, Strategy, and Achievement Cognitions Following Failure," *Journal of Personality and Social Psychology* 36, no. 5 (1978): 451-462.

③ L. S. Blackwell, K. H. Trzesniewski, and C. S. Dweck, "Implicit Theories of Intelligence Predict Achievement across an Adolescent Transition: A Longitudinal Study and an Intervention," *Child Development* 78, no. 1 (2007): 246-263.

④ M. L. Kamins and C. S. Dweck, "Person versus Process Praise and Criticism: Implications for Contingent Self-worth and Coping," *Developmental Psychology* 35, no. 3 (1999): 835-847.

⑤ R. Perry, N. Hall, and J. Ruthig, "Perceived (Academic) Control and Scholastic Attainment in Higher Education," *Higher Education: Handbook of Theory and Research* (2005): 363-436; T. L. Haynes, L. M. Daniels, R. H. Stupnisky, R. P. Perry, and S. Hladkyj, "The Effect of Attributional Retraining on Mastery and Performance Motivation among First-Year College Students," *Basic and Applied Social Psychology* 30, no. 3 (2008): 198-207; N. C. Hall, R. P. Perry, J. G. Chipperfield, R. A. Clifton, and T. L. Haynes, "Enhancing Primary and Secondary Control in Achievement Settings Through Writing-Based Attributional Retraining," *Journal of Social and Clinical Psychology* 25, no. 4 (2006): 361-391; N. C. Hall, S. Hladkyj, R. P. Perry, and J. C. Ruthig, "The Role of Attributional Retraining and Elaborative Learning in College Students' Academic Development," *Journal of Social Psychology* 144, no. 6 (2004): 591-612.

⑥ A. Bandura, "Self-efficacy: Toward a Unifying Theory of Behavioral Change," *Psychological Review* 84, no. 2 (1977): 191-215.

⑦ J. S. Lawrence and J. Crocker, "Academic Contingencies of Self-Worth Impair Positively and Negatively Stereotyped Students' Performance in Performance-Goal Settings," *Journal of Research in Personality* 43, no. 5 (2009): 868-874; J. Crocker and L. E. Park, "The Costly Pursuit of Self-Esteem," *Psychological Bulletin* 130, no. 3 (2004): 392-414; J. Crocker, A. Canevello, J. G. Breines, and H. Flynn, "Interpersonal Goals and Change in Anxiety and Dysphoria in First-Semester College Students," *Journal of Personality and Social Psychology* 98, no. 6 (2010): 1009-1024.

⑧ 傑夫讀過哲學家塞爾（John Searle）提出的一個問題，指出「理解」與電腦能夠做的事情之間有何差別，這個問題也刻畫出表面與深層學習的差異。塞爾虛構一名人物在「中文辦公室」工作的故事，房間裡有一張桌子、許多紙筆，與一本厚重的手冊。手冊裡列有巨細靡遺的指令，告訴這個人如何處理中文。有些指令說「寫這筆畫」，有些說「刪掉這筆畫」，或是「這筆畫到此」等等。這些成千上百則詳細的指令，好像小朋友拼組立體恐龍拼圖時使用的說明書一樣，但是每道指令都是用該名男子的母語英文寫成，完全都沒有提供對應的中文翻譯，所以他完全不知道箇中意義。有一天，有人塞了一張中文紙條到他的辦公室，上面有一則故事與幾道問題。但是這個男人不知道，因爲他不懂中文。他把紙條撿起來，拿出厚重的手冊，然後照著指示依樣畫葫蘆。在謹遵步驟幾個小時後，他終於完成最後一道指令，製造出一份中文答案，但是因爲不懂中文，他也不知道那些代表什麼意義。他把答案從門縫塞回去，門外一個講中文的人將紙條撿起來念，她發現紙上用中文端正寫出解答。有人問她這些答案是否是由看得懂該則中文故事的「有智之士」所爲？

她回答道：「當然！」

但是哲學家反問，這位有智之士何在？肯定不是這個遵照手冊做事的人，因爲他根本不知道自己在做什麼，只是盲目地遵照指示而已。那名有智之士顯然也不在手冊裡，甚至也不是寫指令的人，因爲那個人從未看過那則故事或題目。當然，塞爾的重點在於這個男人有如一部電腦，有程式可以翻譯中文，但是這部電腦並未具有人類的智慧。我轉述這則思考問題的重點，在於表面學習與這個男人十分相像，也許會製造出正確的答案，但是不具人類的理解能力。

⑨查理是假名。在實驗中，這群學生的六年級數學測驗平均成績位於三十五百分位（平均而言，成績低於百分之六十五的應試學生），其中百分之五十二是黑人，百分之四十五拉丁美國人，百分之三是白人或亞裔。他們來自低收入家庭，五人中有四人符合低收入戶免費午餐的資格。

⑩研究者請老師報告學生動機的增減情形，但是老師不知道實驗內容與分配。根據老師的報告，在讀過大腦如何變化這篇文章的學生中，有百分二十七的人動機變強，但是在讀到文章說記憶如何運作的學生中，只有百分之九的人動機變強，見 Blackwell, Trzesniewski, and Dweck, "Implicit Theories of Intelligence," 256。

5 如何處理棘手的難題

①芝加哥終止冤獄計劃宗旨，參見 http:// chicagoinnocenceproject.org/mission。

②安柏斯特的結論指出：「大部分的政治都與如何對待貧窮有關。」該計劃相信，若貧窮的人能夠完成高中教育，將可以找到工作，避免依賴社福。許多人輟學，是因爲需要養家糊口，但是沒有學

歷根本無法謀得長久生計。她指出，這些人「無助地想要改善命運」，但是卻面對多舛的未來，然而「一旦他們拿到學歷找到工作時，社區中心的托兒服務將會終止，讓他們面臨得選擇放棄工作或放棄家庭」。

③ S. Armbrust, "Chance and the Exoneration of Anthony Porter," in *The Machinery of Death*, ed. D. Dow and M. Dow, 157-166 (New York: Routledge, 2002), 163.

④ Ibid., 165.

⑤ 有關金恩與基崔納的研究部分，皆取材自其網站「反思」，參見 http://www.umich.edu/re fjudg/ index. html。

⑥ *Teaching Teaching & Understanding Understanding*, a short film about teaching at university, part 3; video and transcript available at http://www.daimi.au.dk/~brabrand/short-film/part-3.html.

⑦ "Biggs' Structure of the Observed Learning Outcome (SOLO) Taxonomy," pamphlet, University of Queensland, n.d.; see also J. B. Biggs and K. F. Collis, *Evaluating the Quality of Learning: The SOLO Taxonomy (Structure of the Observed Learning Outcome)* (New York: Academic Press, 1982).

6 如何鼓勵

① 諾芙「頓悟」的訪談影片參見 http:// www.youtube.com/watch?v=LfMDhZxXSV8&feature=related，也可參見 Kristin Neff, "Epiphany," in *Epiphany: True Stories of Sudden Insight to Inspire, Encourage, and Transform*, ed. E. Ballard, 114-118 (New York: Random House, 2011)。

② N. Branden, *The Six Pillars of Self-Esteem* (New York: Bantam Books, 1994), 5; cited in R. F. Baumeister, J. D. Campbell, J. I. Krueger, and K. D. Vohs, "Does High Self-Esteem Cause Better Performance, Interpersonal Success, Happiness, or Healthier Lifestyles?" *Psychological Science in the Public Interest* 4, no. 1 (2003): 1-44, 3.

③ Ibid.

④ J. Crocker and L. E. Park, "The Costly Pursuit of Self-Esteem," *Psychological Bulletin* 130, no. 3 (2004): 392-414.

⑤ J. S. Lawrence and J. Crocker, "Academic Contingencies of Self-Worth Impair Positively and Negatively Stereotyped Students' Performance in Performance-Goal Settings," *Journal of Research in Personality* 43, no. 5 (2009): 868-874.

⑥ Ibid., 870.

⑦ C. M. Steele and J. Aronson, "Stereotype Threat and the Test Performance of Academically Successful African Americans," in *The Black-White Test Score Gap*, ed. C. Jencks and M. Phillips, 401-427 (Washington, DC: Brookings Institution Press, 1998). C. M. Steele, "Thin Ice: Stereotype Threat and Black College Students," *Atlantic* 284 (1999): 44-54.

⑧ S. J. Garlow et al., "Depression, Desperation, and Suicidal Ideation in College Students: Results from the American Foundation for Suicide Prevention College Screening Project at Emory University," *Depression and Anxiety* 25, no. 6 (2008): 482-488; D. Eisenberg et al., "Prevalence and Correlates of Depression, Anxiety, and Suicidality among University Students," *American Journal of Orthopsychiatry* 77, no. 4 (2007): 534-542; D. Eisenberg, E. Golberstein, and J. B. Hunt, "Mental Health and Academic Success in College," *BE Journal of Economic Analysis and Policy* 9, no. 1 (2009), article 40; J. Crocker, A. Canevello, J. G. Breines, and H. Flynn, "Interpersonal Goals and Change in Anxiety and Dysphoria in First-Semester College Students," *Journal of Personality and Social Psychology* 98, no. 6 (2010): 1009-1024;

L. N. Dyrbye, M. R. Thomas, and T. D. Shanafelt, "Systematic Review of Depression, Anxiety, and Other Indicators of Psychological Distress among US and Canadian Medical Students," *Academic Medicine* 81, no. 4 (2006): 354-373; J. Klibert et al., "Suicide Proneness in College Students: Relationships with Gender, Procrastination, and Achievement Motivation," *Death Studies* 35, no. 7 (2011): 625-645.

⑨ 正如諾芙在最近一篇報紙文章中指出：「過去數十年來的自尊運動，其中一項爲害最深的後果是自戀病症。」最近一項對美國一萬五千名大學生所做的研究調查指出，有百分之六十五的學生在自戀評分上高於前一代人。她的結論指出：「無獨有偶地，同一時期學生的平均自尊等級增加幅度更大。」參見 Kristin Neff,"Why We Should Stop Chasing Self-Esteem and Start Developing Self-Compassion," *Huffington Post*, April 6, 2011. Available at http:// www.huffingtonpost.com/kristin-neff/self-compassion_b_843721. html。

⑩ J. R. Shapiro, S. A. Mistler, and S. L. Neuberg, "Threatened Selves and Differential Prejudice Expression by White and Black Perceivers," *Journal of Experimental Social Psychology* 46, no. 2 (2010): 469-473, 469.

⑪ J. Crocker and L. E. Park, "The Costly Pursuit of Self-Esteem," *Psychological Bulletin* 130, no. 3 (2004): 392-414, 393.

⑫ K. Neff, "Self-Compassion: An Alternative Conceptualization of a Healthy Attitude toward Oneself," *Self and Identity* 2, no. 2 (2003): 85-101, 87.

⑬ K. D. Neff, K. L. Kirkpatrick, and S. S. Rude, "Self-Compassion and Adaptive Psychological Functioning," *Journal of Research in Personality* 41, no. 1 (2007): 139-154, 146.

⑭ K. D. Neff, Y. P. Hsieh, and K. Dejitterat, "Self-Compassion, Achievement Goals, and Coping with Academic Failure," *Self and Identity* 4, no. 3 (2005): 263-287; K. D. Neff and R. Vonk, "Self-Compassion versus Global Self-Esteem: Two

Different Ways of Relating to Oneself," *Journal of Personality* 77, no. 1 (2009): 23-50; K. Neff, *Self-Compassion: Stop Beating Yourself Up and Leave Insecurity Behind* (New York: William Morrow, 2011).

⑮ E. Cohen, "Push to Achieve Tied to Suicide in Asian-American Women," CNN, May 16, 2007. Available at http://edition.cnn.com/2007/HEALTH/05/16/asian.suicides/index.html.

⑯ 更多的討論請參見 D. Lester, "Differences in the Epidemiology of Suicide in Asian Americans by Nation of Origin," *OMEGA— Journal of Death and Dying* 29, no. 2 (1994): 89-93。

⑰ 羅伯特伍德強森基金會的網站 http://www. rwjf.org/vulnerablepopulations/product.jsp?id=51 208；兒童之友的網站 Friends of the Children website available at http://www.friendsofthechildren.org。

⑱ Northwestern News, "Undergraduate Humanitarian Honored," *TribLocal Evanston*, May 18, 2010. Available at http://triblocal.com/evanston/community/stories/2010/05/undergraduate-humanitarian-honored/.

7 如何培養好奇心

① 教授及學院院長有時會支持將自己科系提供的通識課程列爲必修，因爲這樣可以保護各科系自己的教授名額。

② 科系院所有時候會不願意釋出教授名額來幫忙發展跨領域學科，因爲這些課程未能滿足各系所自身的需求。

③ 感謝哲學家同事羅赫特（Tiger Roholt）介紹認識泰勒的學說，以及這裡引用的話（二〇一一年四月二十三日）。

④ R. Holmes, B. Gan, and T. Madigan, "Richard Taylor Remembered," *Philosophy Now* 44 (Jan./Feb. 2004).

⑤ A. Abbott, "Welcome to the University of Chicago," Aims of Education Address (for the class of 2006), September 26, 2002, Digital Text International. Available at http://www.ditext.com/abbott/abbott_aims.html.

⑥ A. Chrucky, "The Aim of Liberal Education," Sept. 1, 2003, Digital Text International. Available at http://www.ditext.com/chrucky/aim.html.

⑦ Mount Sinai School of Medicine, "Mount Sinai Study Shows that Humanities Students Perform as Well as Pre-Med Students in Medical School," press release, July 30, 2010. Available at http://www. mssm.edu/about-us/news-and-events/mount-sinai-study-shows-that-humanities-students-perform-as-well-as-pre-med-students-inmedical-school.

8 如何面對艱難的抉擇

① J. K. Rowling, "The Fringe Benefits of Failure, and the Importance of Imagination," speech delivered at Harvard University, June 5, 2008. 你可以在下列網站上看到這篇著名的演說 http://news. harvard.edu/gazette/story/2008/06/text-of-j-k-rowling-speech/。

② J. Lehrer, "Don't! The Secret of Self-Control," *New Yorker*, May 18, 2009.

③ 安排日程的一種有效方式，是製作一週七天二十四小時的行事曆，由七乘二十四行組成，讓一週裡每個小時都有一格，將每個小時預定的行程填入即可。也可以看看自己是否眞的有時間完成所有活動，包括用餐、睡眠、通勤等等。

④ T. Gura, "Procrastinating Again? How to Kick the Habit," *Scientific American*, Dec. 2008.

⑤M. J. A. Wohl, T. A. Pychyl, and S. H. Bennett, "I Forgive Myself, Now I Can Study: How Self-Forgiveness for Procrastinating Can Reduce Future Procrastination," *Personality and Individual Differences* 48, no. 7 (2010): 803-808.

⑥例子不勝枚舉，例如德州泛美大學（University of Texas Pan American）的社會學教授理查森（Chad Richardson），指點學生如何進行訪談，然後派他們對家人與社區進行族裔研究。當學生收集資料後，他再幫忙大家以更廣泛的社會學原理來理解。另一個例子是羅德島設計學院（Rhode Island School of Design）的卡農（Charlie Cannon），他請學生加入一項原創計劃，處理設計學上重要的社經議題，例如紐約港與廢水處理廠的關係。

⑦X. Lin, D. L. Schwartz, and J. Bransford, "Intercultural Adaptive Expertise: Explicit and Implicit Lessons from Dr. Hatano," *Human Development* 50, no. 1 (2007): 65-72; T. Martin, K. Rayne, N. Kemp, J. Hart, and K. Diller, "Teaching for Adaptive Expertise in Biomedical Engineering Ethics," *Science and Engineering Ethics* 11, no. 2 (June 1, 2005): 257-276.

⑧J. Bransford, "Some Thoughts on Adaptive Expertise," Vanderbilt-Northwestern-Texas-Harvard/MIT Engineering Research Center (VaNTH-ERC), July 9, 2001. Available at www.vanth.org/docs/ AdaptiveEx pertise.pdf.

⑨J. A. Bargh and Y. Schul, "On the Cognitive Benefits of Teaching," *Journal of Educational Psychology* 72, no. 5 (1980): 593-604.

⑩G. M. Muir and G. J. van der Linden, "Students Teaching Students: An Experiential Learning Opportunity for Large Introductory Psychology Classes in Collaboration with Local Elementary Schools," *Teaching of Psychology* 36, no. 3 (2009): 169-173, 171.

⑪ Donald Sheff, "'Izzy, Did You Ask a Good Question Today?'" *New York Times*, Letter to the Editor, Jan. 12, 1988.

⑫ T. S. Hyde and J. J. Jenkins, "Differential Effects of Incidental Tasks on the Organization of Recall of a List of Highly Associated Words," *Journal of Experimental Psychology* 82, no. 3 (1969): 472-481.

⑬ 見第二章有關深度、表面與策略學習的部分。

⑭ N. Györbíró, H. Larkin, and M. Cohen, "Spaced Repetition Tool for Improving Long-term Memory Retention and Recall of Collected Personal Experiences," *Proceedings of the 7th International Conference on Advances in Computer Entertainment Technology* (2010): 124-125.

⑮ N. Kornell, M. J. Hays, and R. A. Bjork, "Unsuccessful Retrieval Attempts Enhance Subsequent Learning," *Journal of Experimental Psychology: Learning, Memory, and Cognition* 35, no. 4 (2009): 989-998; L. E. Richland, N. Kornell, and L. S. Kao, "The Pretesting Effect: Do Unsuccessful Retrieval Attempts Enhance Learning?" *Journal of Experimental Psychology: Applied* 15, no. 3 (2009): 243-257; N. Kornell, R. A. Bjork, and M. A. Garcia, "Why Tests Appear to Prevent Forgetting: A Distribution-based Bifurcation Model," *Journal of Memory and Language* (2011): 85-97; N. Kornell and R. A. Bjork. "Optimising Self-regulated Study: The Benefits—and Costs—of Dropping Flashcards," *Memory* 16, no. 2 (2008): 125-136; H. L. Roediger and B. Flinn, "Getting It Wrong: Surprising Tips on How to Learn," *Scientific American*, Oct. 20, 2009.

⑯ 然而，赫胥巴赫表示他都在圖書館同一個角落看書。可以找找看哪種方式最適合自己，相關的研究請參考 S. M. Smith and E. Vela, "Environmental Context-Dependent Memory: A Review and Met-aanalysis," *Psychonomic Bulletin and Review* 8, no. 2 (2001): 203-220; S. M. Smith, A. Glenberg, and R. A. Bjork, "Environmental

Context and Human Memory," *Memory and Cognition* 6, no. 4 (1978): 342-353。至於不同的研究發現，請見 A. Fernandez and A. M. Glenberg, Changing Environmental Context Does Not Reliably Affect Memory," *Memory and Cognition* 13, no. 4 (1985): 333-345。

⑰ J. S. Rubinstein, D. E. Meyer, and J. E. Evans, "Executive Control of Cognitive Processes in Task Switching," *Journal of Experimental Psychology: Human Perception and Performance* 27, no. 4 (2001): 763-797.

⑱ A. Furnham, S. Trew, and I. Sneade, "The Distracting Effects of Vocal and Instrumental Music on the Cognitive Test Performance of Introverts and Extraverts," *Personality and Individual Differences* 27, no. 2 (1999): 381-392; A. Furnham and A. Bradley, "Music While You Work: The Differential Distraction of Background Music on the Cognitive Test Performance of Introverts and Extraverts," *Applied Cognitive Psychology* 11, no. 5 (1997): 445-455.

⑲ K. I. Erickson et al., "Exercise Training Increases Size of Hippocampus and Improves Memory," *Proceedings of the National Academy of Sciences* 108, no. 7 (Feb. 15, 2011): 3017-3022.

⑳ E. Mo, "Studying the Link between Exercise and Learning," CNN Health, Apr. 12, 2010. Available at http://thechart.blogs.cnn. com/2010/04/12/studying-the-link-between-exercise-and-learning/.

㉑ M. Yogo and S. Fujihara, "Working Memory Capacity Can Be Improved by Expressive Writing: A Randomized Experiment in a Japanese Sample," *British Journal of Health Psychology* 13, no. 1 (2008): 77-80.

㉒ K. Klein and A. Boals, "Expressive Writing Can Increase Working Memory Capacity," *Journal of Experimental Psychology: General* 130, no. 3 (2001): 520-533.

㉓ J. W. Pennebaker and C. K. Chung, "Expressive Writing, Emotional Upheavals, and Health," in *Oxford Handbook of*

Health Psychology, ed. H. S. Friedman (New York: Oxford University Press, 2011).

㉔ 這些文化的確滲透進鄰近城鎮的中小學，學生甚至從小學一年級便開始感受到。但是唯有到了大都市時（念唸大學），才會受到這種複雜文化的全面衝擊，有些奧妙之處甚至到了念研究所才得以解開。

國家圖書館出版品預行編目資料

如何訂做一個好學生 / Ken Bain著 ; 周念縈譯.
— 初版. — 臺北市 : 大塊文化, 2014.03
面 ; 公分. — (from ; 99)

譯自 : What the best college students do
ISBN 978-986-213-210-4(平裝)

1.高等教育 2.教學法

525.03 103002275

LOCUS

LOCUS

LOCUS

LOCUS